Julia Lauenroth

Kreative Ideen für Literaturepochen

Bucket-List, Chat-Roman und Zaubersprüche im **Deutschunterricht**

Verlag an der Ruhr

IMPRESSUM

TITEL
Kreative Ideen für Literaturepochen
Bucket-List, Chat-Roman und Zaubersprüche im Deutschunterricht

AUTORIN
Julia Lauenroth

UMSCHLAGMOTIVE
Kant: © Naci Yavuz, Zauberstab: © exopixel, Handyicons: © daddy.icon, Handy auf Notizblöcken: © Inspiration GP, Minnesänger: © CCTop1958 – alle Shutterstock.com

SATZ UND LAYOUT
ebene N, Mülheim an der Ruhr

DRUCK
Heenemann GmbH & Co. KG, Berlin, DE

Verlag an der Ruhr
Mülheim an der Ruhr
www.verlagruhr.de

Geeignet für die Klassen 5–10

ISBN 978-3-8346-6425-9

INHALT

Vorwort ... 4

Klasse 5 & 6

Antike: Projektübersicht und Lehrerhinweise ... **5**
Ein ungewöhnliches Abendessen – *Eine eigene Fabel schreiben* ... 8
Sagen spinnen – *Eine moderne Sage nach Rezept schreiben* ... 11

Mittelalter: Projektübersicht und Lehrerhinweise ... **15**
Alte und neue Wunscherfüller – *Einen eigenen Zauberspruch verfassen* ... 18
Einfach märchenhaft! – *Eine Lesekiste gestalten* ... 20

Klasse 7 & 8

Barock: Projektübersicht und Lehrerhinweise ... **23**
Höhen und Tiefen – *Ein eigenes Sonett verfassen* ... 25
Meine Bucket-List – *Eigene Lebensziele reflektieren* ... 28

Aufklärung: Projektübersicht und Lehrerhinweise ... **30**
Think like Kant! – *Einen Aufruf verfassen* ... 32
„Ich kenne mich gut genug" – *Eine Fabel mit Standbildern nachstellen* ... 34

Sturm und Drang: Projektübersicht und Lehrerhinweise ... **37**
„Lieber Freund, liebe Freundin ..." – *Einen Chat-Roman schreiben* ... 39
Total genial! – *Zeitgenössische Genies vorstellen* ... 42

Weimarer Klassik: Projektübersicht und Lehrerhinweise ... **44**
Von edlen Menschen – *Eine Ballade im szenischen Spiel weiterdenken* ... 46
Goethe goes Italy – *Ein Podcast-Interview führen* ... 49

Klasse 9 & 10

Romantik: Projektübersicht und Lehrerhinweise ... **51**
Ich träume, also bin ich – *Ein Traumtagebuch führen* ... 54
Raus in die Natur – *Einen Naturspaziergang fotografisch festhalten* ... 57

Realismus: Projektübersicht und Lehrerhinweise ... **60**
Das Objekt wird Subjekt – *Ein Dinggedicht verfassen* ... 61

Naturalismus: Projektübersicht und Lehrerhinweise ... **62**
Das echte Leben – *Kunst in einer Formel wiedergeben* ... 64
Sekunde für Sekunde – *Im Sekundenstil schreiben* ... 65

Expressionismus: Projektübersicht und Lehrerhinweise ... **67**
Express yourself! – *Expressionistisch malen* ... 68

Exilliteratur: Projektübersicht und Lehrerhinweise ... **70**
E(xil)-Mail – *Einen E-Mail-Wechsel mit einer Exilautorin schreiben* ... 71

VORWORT

Liebe Kolleg*innen[1],

ich liebe die Arbeit mit den Literaturepochen. Sie sind vielschichtig, komplex, abwechslungsreich und vermitteln nicht nur geschichtliche Daten, sondern auch das Weltbild und die Lebensauffassung der jeweiligen Zeit. Ich freue mich immer sehr auf die Erarbeitung der Literaturepochen in meinen Klassen. Ich weiß aber auch, dass dies eine Ausnahme darstellt.

Literaturepochen gelten häufig als ungeliebte Pflicht bei der Behandlung einer Lektüre. Die Epochen sind für die Schüler*innen zeitlich und thematisch distanziert; sich in das Weltbild der jeweiligen Zeit einzudenken, ist eine Herausforderung.

Um Literaturepochen nicht stoisch anhand von Merkmalen, geschichtlichem Wissen und typischen Werken behandeln zu müssen, liefern Ihnen diese Kopiervorlagen kreative Impulse. So werden relevante Facetten der Epochen für die verschiedenen Alters- und Klassenstufen zugänglich. Die Aufgaben sind handlungs- und produktionsorientiert und fördern auf diese Weise das Ich-Erleben. Sie zielen darüber hinaus auf verschiedene Lernstrategien ab. Zu jeder Epoche gibt es Kopiervorlagen, die sich einem zentralen Merkmal widmen. Ob für Ihren Fachunterricht oder spontane Vertretungsstunden: Die Arbeitsblätter sind kopierfertig und direkt einsatzbereit. Aufgaben, die mit einem Sternchen markiert sind, können Sie entweder leistungsstärkeren Schüler*innen als Zusatzaufgaben stellen oder als Alternativaufgaben nutzen.

Ich wünsche mir, dass diese Kopiervorlagen Ihnen neue Ideen geben und die Projekte Ihre Schüler*innen für Literaturepochen begeistern! Wenn Sie mit diesen Kopiervorlagen das Gefühl haben, Ihren Unterricht interessanter, aktiver, kreativer und auch lernpsychologisch nachhaltiger gestalten zu können, habe ich mein Ziel erreicht.

Ich hoffe, Sie freuen sich jetzt mindestens genauso sehr wie ich auf die Vermittlung von Literaturepochen!

Ich wünsche Ihnen viel Spaß beim Ausprobieren der Projekte!

Julia Lauenroth

[1] Der Verlag an der Ruhr legt großen Wert auf eine geschlechtergerechte und inklusive Sprache. Daher nutzen wir das Gendersternchen, um sowohl männliche und weibliche als auch nichtbinäre Geschlechtsidentitäten einzuschließen. Alternativ verwenden wir neutrale Formulierungen. In Texten für Schüler*innen finden sich aus didaktischen Gründen neutrale Begriffe bzw. Doppelformen.

Projektübersicht und Lehrerhinweise

Projekt: Ein ungewöhnliches Abendessen (S. 8–10)	
Darum geht's	In diesem Projekt beschäftigen sich die Schüler*innen mit einer wichtigen Textsorte während der Epoche der Antike, der Fabel. Die Schüler*innen fügen Teile der Fabel „Der Fuchs und der Storch" von Äsop in der richtigen Reihenfolge zusammen. Im Anschluss werden in einem Suchsel die wichtigsten Fabeltiere erkannt, deren Eigenschaften vertiefend in einer Tabelle beschrieben werden. Ausgehend davon, schreiben die Schüler*innen alternative Versionen von Äsops Fabel.
Behandelte Themen	- Kennenlernen der Fabel als Textsorte - Fabeltiere als symbolische Figuren mit besonderen Eigenschaften - kreatives Schreiben, ausgehend von Äsops „Der Fuchs und der Storch"
Kompetenzziele	Die Schüler*innen ... - kennen die Merkmale der Textsorte Fabel. - erschließen sich typische Merkmale von Fabeln. - analysieren das Verhalten der Fabelfiguren auf ihre Charakteristika hin und leiten daraus für jedes Fabeltier Charaktereigenschaften ab. - verfassen einen eigenen Fabeltext mit verschiedenen Tieren.
Vorwissen	Die Schüler*innen ... - haben bereits Fabeltexte gelesen. - wissen, dass die Tiere symbolhaft mit bestimmten Eigenschaften ausgestattet sind.

Hinweise zu Stundeninhalt und Methode

Der griechische Dichter Äsop ist ein bedeutender Fabelautor. In seinen Texten spielen neben Tieren oder Pflanzen auch Götter eine Rolle. Seine Motivation war es, den Menschen ihre Fehler, Schwächen und Eigenheiten vor Augen zu führen, um so eine bestimmte Lehre zu vermitteln. Die Texte haben zwei Ebenen[1]: Die erste Ebene, die Handlungs- bzw. Inhaltsebene, zeigt das Offensichtliche. Die zweite Ebene, das Gemeinte, ist die Moral, die aus Äsops Fabeln entnommen werden kann. Mit leistungsstärkeren Klassen kann gerne eine genauere Betrachtung der beiden Ebenen geschehen.

Äsops Fabeln zeichnen sich durch einen immer gleichen Aufbau aus:

Ausgangssituation → Handlung (Aktion) → Gegenhandlung (Reaktion) → Konflikt → Lösung

Wegen ihrer guten Verständlichkeit eignen sich die Texte zur Bearbeitung in den unteren Klassenstufen, obgleich sie schon im 6. Jahrhundert entstanden sind.

[1] Diese beiden Ebenen finden sich ebenso in Parabeln wieder. Dort werden sie „Bildebene" und „Sachebene" genannt. Anders als vielleicht vermutet, beinhaltet die Bildebene das sachliche Lesen, während die Sachebene das Verstehen und die Interpretation hinter der Parabel meint.

Die Schüler*innen erhalten zunächst Teile der Fabel „Der Fuchs und der Storch", die sie eigenständig in die richtige Reihenfolge bringen müssen. Hier sind Lese- und Textverständnis sowie Wissen über Handlungsaufbau und Storytelling gefragt.
Um an die Interessen der Schüler*innen anzuknüpfen, widmen sich die Aufgaben den Eigenschaften, die den Tieren gegeben werden. Diese Vorentlastung fördert ebenfalls die spätere Arbeit mit den Fabeln im Kontext der Epoche der Aufklärung (S. 34).

Die Schüler*innen finden in einem Suchsel einige wichtige Fabeltiere. Anhand einer Tabelle, die sie vervollständigen, werden den Tieren ihre charakteristischen Eigenschaften zugeordnet. Da die Zuschreibung von Eigenschaften zu Tieren individuell unterschiedlich ausfallen kann, sollten Sie bei der Ergebniskontrolle nicht allzu streng sein. Die Sicht auf Tiere hat sich mit der Zeit verändert und kann in leistungsstärkeren Lerngruppen z. B. als Diskussionsanlass genutzt werden.

Aufgabe 1 (Lösung): C – B – E – A – D – F

Aufgabe 4 (Lösung):

A	F	B	L	A	M	M
M	U	O	R	V	D	I
S	C	Z	E	M	A	G
D	H	A	S	E	N	E
E	S	P	E	Ö	T	R
W	G	Ä	L	S	W	A
O	N	R	G	T	E	B
L	Ö	W	E	O	I	E
F	B	A	M	R	P	L
Ü	E	I	S	C	H	C
W	L	H	A	H	N	F

Aufgabe 5 (Lösung):

Tier	Eigenschaften
Hase	**vorsichtig, ängstlich**
Esel	stur, faul
Fuchs	**gerissen, hinterlistig**
Rabe	diebisch, besserwisserisch
Löwe	stolz, stark
Storch	**elegant, behäbig**
Wolf	**böse, verlogen**
Hahn	eitel, arrogant
Lamm	schwach, fromm

Projekt: Sagen spinnen (S. 11–14)	
Darum geht's	In diesem Projekt informieren sich die Schüler*innen mit einem Lückentext über Herkunft, Merkmale und wichtige Typen von Sagen. Anschließend lesen sie die Sage von Arachne, eine kurze antike Göttersage. Am Text weisen sie die wesentlichen Merkmale einer Sage nach, bevor sie selbst kreativ werden und eine moderne Sage verfassen.
Behandelte Themen	- Merkmale von Sagen - antike Moralvorstellungen
Kompetenzziele	Die Schüler*innen ... - kennen Sagenmerkmale. - erschließen sich die Textsorte Sage durch eine eigene moderne Textproduktion.
Vorwissen	Die Schüler*innen kennen die Unterschiede zwischen Sagen, Märchen und Legenden.

Hinweise zu Stundeninhalt und Methode

Sagen (vom althochdeutschen *saga* = „Gesagtes") sind volkstümliche, mündliche Erzählungen, die reale Erlebnisse wiedergeben. Eine Besonderheit bei den Sagen ist, dass sie meist auf Orte und Regionen Bezug nehmen. Das bedeutet, dass sie von realen Ereignissen berichten, diese aber als fiktionale Erzählung überspitzen und um fantastische Elemente, wie z. B. sprechende Tiere oder Magie, erweitern. Da Sagen primär mündlich überliefert und erst später aufgeschrieben wurden, sind die Verfasser*innen meist unbekannt.
Häufig wird bei Sagen davon ausgegangen, dass sie wahre Berichte sind, da die Geschehnisse realen Ursprungs sind.
Zunächst dient ein Lückentext zur Reaktivierung von Vorwissen und liefert Informationen über die Herkunft und die wichtigsten Merkmale der Sage. Leistungsschwächere Schüler*innen erhalten die Variante mit den einzufügenden Wörtern als Hilfestellung. Leistungsstärkere Schüler*innen können den Text ohne Hilfe vervollständigen.

Als Beispiel für eine antike Sage wurde die Geschichte von Arachne ausgewählt, die als Strafe für ihren Hochmut von Athene in eine Spinne verwandelt wird. An dem kurzen und leicht verständlichen Text lassen sich verschiedene Sagenmerkmale gut nachvollziehen. Abschließend verfassen die Schüler*innen eine eigene moderne Sage anhand eines Rezepts.
Für die Durchführung des Projekts empfehlen sich zwei bis drei Unterrichtsstunden, je nach Leistungsstand der Klasse. Der Lückentext kann auch als vorbereitende Hausaufgabe gestellt werden. Das Verfassen der eigenen Sage und die Vorstellung derselben sollten, um den eigenen kreativen Projekten auch genug Raum geben zu können, wenigstens mit einer Doppelstunde berücksichtigt werden. Da Sagen vorrangig mündlich überliefert wurden, kann auch ein Vorleseabend (gerne auch mit den Sorgeberechtigten) geplant werden. Für kreativere und kunstinteressierte Klassen bietet es sich ebenso an, Collagen oder Plakate zu ihren modernen Sagen erstellen zu lassen.

Aufgabe 1 (Lösung):
Sagen sind volkstümliche Erzählungen aus sehr alten Zeiten. Sie wurden mündlich überliefert. Sagen beruhen auf wahren Ereignissen. Sie sind aber kein sachlicher Bericht. Sagen nutzen die realen Ereignisse, um Unbegreifliches zu erklären und Ängste abzubauen. Häufig werden in Sagen auch Religion, Moral oder Bräuche vermittelt. Sagen thematisieren die regionalen Besonderheiten und beschreiben dabei sehr viele Ereignisse, z. B. Naturereignisse, Vergangenheit sowie Erziehung. Beliebt in Sagen ist es, dass die Heldin oder der Held ein Problem lösen muss. Spannend bei Sagen ist, dass sie kein Happy End haben müssen. Dabei spielen ebenso Magie wie Tiere eine Rolle.

Ein ungewöhnliches Abendessen (1/3)

1. Auf den Schnipseln unten ist eine Fabel durcheinandergeraten!
  a) Lest die Texte auf den Schnipseln.
  b) Bringt die Teile in die richtige Reihenfolge, indem ihr sie passend nummeriert.
  c) Vergleicht eure Ergebnisse in der Klasse.

Äsop
Der Fuchs und der Storch

☐ **A**
Trotzdem blieb der Storch freundlich und lobte die gute Bewirtung. Um sich zu bedanken, lud er den Fuchs für den nächsten Abend als Gast zu sich ein. Der Fuchs ahnte wohl, dass sich der Storch rächen wollte, und lehnte die Einladung ab. Der Storch aber ließ nicht locker und fragte immer wieder, bis der Fuchs endlich einwilligte.

☐ **B**
Der Fuchs hatte tatsächlich viel Leckeres vorbereitet. Doch alles lag in ganz flachen Schüsseln, aus denen der Storch mit seinem langen Schnabel nichts fressen konnte.

☐ **C**
Ein Fuchs lud einen Storch als Gast zum Essen ein und versprach ihm die leckersten Speisen. Der Storch freute sich über die Einladung und kam mit extra großem Hunger.

☐ **D**
Als der Fuchs zum Storch kam, hatte dieser alle möglichen Leckerbissen aufgetischt. Jedoch war alles in Flaschen mit langen Hälsen serviert, sodass der Fuchs zwar alles riechen, aber nichts davon essen konnte.

☐ **E**
Gierig fraß der Fuchs alles allein und forderte noch währenddessen den Storch unaufhörlich dazu auf, es sich doch auch schmecken zu lassen. Der Storch fühlte sich betrogen.

☐ **F**
„Folge meinem Beispiel“, rief der Storch, „und fühl dich wie zu Hause!“ Dabei schlürfte er genüsslich mit seinem Schnabel. Während der Storch alles allein aß, sah der Fuchs ärgerlich ein, dass der Storch ihn für seinen Mutwillen bestrafen wollte.

Quelle: Äsop: „Der Fuchs und der Storch“, in: Projekt Gutenberg, URL < https://www.projekt-gutenberg.org/aesop/fabeln/chap022.html > [letzter Zugriff: 05.06.2023]. Text aus didaktischen Gründen verändert.

Ein ungewöhnliches Abendessen (2/3)

2. Fuchs und Storch laden sich gegenseitig zum Essen ein.

a) Erkläre in eigenen Worten, warum es sich dabei um zwei ungewöhnliche Abendessen handelt.

b) Fasse zusammen, wer in dieser Fabel wem einen Streich spielt und wie die ausgetrickste Figur darauf reagiert.

c) Wie würdest du das Verhalten von Fuchs und Storch beschreiben? Notiere drei oder vier Adjektive pro Figur auf einem Blatt oder in deinem Heft.

d) Vergleicht eure Adjektive in der Klasse.

3. Überlegt in Partnerarbeit, welche Lehre die Menschen aus dieser Fabel ziehen sollten. Formuliert gemeinsam eine Moral und erläutert diese anschließend vor der Klasse.

4. In Fabeltexten tauchen ganz unterschiedliche Tiere auf.

a) Finde alle neun Tiere im folgenden Suchsel und umkreise oder markiere sie.

A	F	B	L	A	M	M
M	U	O	R	V	D	I
S	C	Z	E	M	A	G
D	H	A	S	E	N	E
E	S	P	E	Ö	T	R
W	G	Ä	L	S	W	A
O	N	R	G	T	E	B
L	Ö	W	E	O	I	E
F	B	A	M	R	P	L
Ü	E	I	S	C	H	C
W	L	H	A	H	N	F

b) Überprüft zu zweit, ob ihr alle Tiere gefunden habt.

c) Tauscht euch darüber aus, welche Eigenschaften ihr den Tieren jeweils zuschreiben würdet.

Ein ungewöhnliches Abendessen (3/3)

5. Sieh dir die folgende Tabelle an.

a) Ergänze in der linken Spalte die fehlenden Tiere aus dem Suchsel, passend zu den bereits eingetragenen Adjektiven.

b) Ergänze in der rechten Spalte die fehlenden Eigenschaften zu den Tieren.

★ **c)** Ergänze eigene Adjektive, die du in Aufgabe 4c erarbeitet hast.

Tier	Eigenschaften
Hase	
	stur, faul
Fuchs	
	diebisch, besserwisserisch
	stolz, stark
Storch	
Wolf	
	eitel, arrogant
	schwach, fromm

6. Wähle zwei der Tiere aus der Tabelle aus, die sich gegenseitig zum Abendessen einladen wie Storch und Fuchs. Schreibe eine eigene Fabel nach Äsops Vorbild, in der sich diese Tiere begegnen und ebenfalls austricksen. Schreibe mindestens eine halbe Seite auf ein Blatt oder in dein Heft.

7. Lest euch eure Fabeln gegenseitig in der Klasse vor. Besprecht Gemeinsamkeiten und Unterschiede im Vergleich zu Äsops Version.

★ **8.** Wie hat sich die Änderung der tierischen Figuren auf die Moral der Geschichte ausgewirkt? Begründet.

Sagen spinnen (1/4)

1. Vervollständige den Lückentext. Die folgenden Wörter helfen dir dabei.

wahren Ereignissen – volkstümliche Erzählungen – mündlich – sachlicher Bericht – Religion – Magie – Unbegreifliches zu erklären – Moral – Bräuche – Ängste abzubauen – Vergangenheit – Problem – regionalen Besonderheiten – Erziehung – Tiere – Happy End – Naturereignisse – Heldin oder der Held

Sagen sind .... aus sehr alten Zeiten. Sie wurden ....
überliefert. Sagen beruhen auf .... Sie sind aber kein ....
Sagen nutzen die realen Ereignisse, um .... und ....
Häufig werden in Sagen auch .... , ... oder ....
vermittelt. Sagen thematisieren die .... und beschreiben dabei sehr viele
Ereignisse, z. B. .... , ... sowie ....
Beliebt in Sagen ist es, dass die .... ein .... lösen muss.
Spannend bei Sagen ist, dass sie kein .... haben müssen. Dabei spielen ebenso
.... wie .... eine Rolle.

Antike

Sagen spinnen (1/4)

1. Vervollständige den Lückentext.

Sagen sind .... aus sehr alten Zeiten. Sie wurden ....
überliefert. Sagen beruhen auf .... Sie sind aber kein ....
Sagen nutzen die realen Ereignisse, um .... und ....
Häufig werden in Sagen auch .... , ... oder ....
vermittelt. Sagen thematisieren die .... und beschreiben dabei sehr viele
Ereignisse, z. B. .... , ... sowie ....
Beliebt in Sagen ist es, dass die .... ein .... lösen muss.
Spannend bei Sagen ist, dass sie kein .... haben müssen. Dabei spielen ebenso
.... wie .... eine Rolle.

© Verlag an der Ruhr | Autorin: Julia Lauenroth | www.verlagruhr.de

Kreative Ideen für Literaturepochen 11

Sagen spinnen (2/4)

2. Lies die folgende Sage über Arachne, eine griechische Tuchmacherin, und Athene, die Göttin der Weisheit. Fasse die Handlung kurz in eigenen Worten zusammen.

Arachne

Athene, die Göttin der Weisheit, hörte eines Tages von der Weberin[1] Arachne, die für ihre Kunstfertigkeit mit der Wolle berühmt war. Arachnes Vater, Idmon, war ein Purpurfärber[2], dessen Frau früh verstorben war. Sie waren nicht reich und nicht von edler Abstammung, sondern für ihren Fleiß bekannt. Von weither kamen Nymphen[3] in die kleine Stadt in Lydien[4], um Arachne beim Arbeiten zuzusehen und die Ergebnisse zu bewundern.

Egal ob sie die rohe Wolle zu Ballen wickelte, mit den Fingern ihr Werk lockerte oder ob sie die feinen Vliese noch feiner zog, ob sie Garn mit der Spindel wickelte oder es mit der Nadel stickte: Es schien, als ob die junge Weberin von der Göttin Athene selbst gelernt hätte.

Arachne entgegnete solchen Aussagen nur beleidigt: „Nicht von der Göttin lernte ich mein Können! Soll sie sich mit mir messen. Ist sie besser als ich, nehme ich jede Strafe hin."

Daraufhin besuchte die Göttin Arachne in der Gestalt einer Greisin[5]. Sie sagte: „Erfahrung reift mit den Jahren. Nimm meinen Rat: Halte dich an den Ruhm, unter den Sterblichen die geschickteste Weberin zu sein. Doch bleib den unsterblichen Göttern gegenüber demütig. Bitte um Verzeihung für deine Herausforderung und dir wird verziehen."

Zornig sah Arachne von ihren Fäden auf und rief der verhüllten Athene zu: „Deine Sinne sind wohl geschwächt vom Alter! Deinen Rat kannst du dir sparen, ich weiß mir selbst zu helfen und bleibe bei meinem Vorsatz. Warum kommt Athene nicht selbst und meidet den Wettstreit?"

„Nun denn", sagte Athene, „da ist sie schon." Sie legte die Hülle der Greisin ab und präsentierte sich in ihrer himmlischen Gestalt. Die Nymphen und Frauen der Stadt huldigten der Göttin und auch Arachne errötete. Doch sie blieb bei ihrem Entschluss und Athene verweigerte sich nicht.

Ohne Verzug stellten beide an verschiedenen Orten ihre Webstühle auf, bespannten sie mit Garn aus Purpur, Gold und tausend Farben und begannen, zu weben. Athene wählte als Motiv ihren Streit mit Poseidon, den sie vor den Augen der zwölf Götter besiegt hatte.

---

[1] Weberinnen und Weber stellen aus Wolle Garn und daraus Stoffe und Tuchwaren her.

[2] Purpur ist ein sehr teurer Farbstoff, mit dem Kleidung gefärbt wurde. Solche Purpurgewänder konnten sich nur sehr reiche Personen leisten.

[3] Nymphen sind niedere Naturgottheiten, die als Töchter des Göttervaters Zeus gelten.

[4] Lydien ist ein Gebiet, das Griechenland im Osten gegenüberliegt. Heute gehört dieser Landesteil zur Türkei.

[5] „Greisin" ist eine andere Bezeichnung für eine alte Frau.

Quelle: Ovid: „Arachne", in: Metamorphosen. Übersetzt von Johann Heinrich Voß (1798). Zit. n.: Textlog, URL: < www.textlog.de/35351.html > [letzter Zugriff: 05.06.2023]. Text aus didaktischen Gründen verändert.

Sagen spinnen (3/4)

Arachne dagegen webte ein Bild, das Zeus, Athenes Vater, lächerlich machte. Für ihre Kunstfertigkeit wurde sie zwar gelobt, von den Nymphen wie von Athene. Doch als die Gottheit den Vater im Motiv erkannte, zerriss sie das gewebte Bild und schlug Arachne so fest auf die Stirn, dass die junge Weberin wahnsinnig wurde.

Da bekam die Göttin Mitleid und sprach: „Du sollst wieder zu Verstand kommen! Für deine Verwegenheit aber sollen du und alle deine Nachfahren bestraft sein.“ Mit diesen Worten sprenkelte die Göttin den Saft eines magischen Krauts auf Arachne. Diese schrumpfte zusammen und verwandelte sich in eine winzige Spinne. So spinnt die Weberin Arachne bis heute fleißig ihre feinen Netze.

Quelle: Ovid: „Arachne“, in: Metamorphosen. Übersetzt von Johann Heinrich Voß (1798). Zit. n.: Textlog, URL: < www.textlog.de/35351.html > [letzter Zugriff: 05.06.2023]. Text aus didaktischen Gründen verändert.

3. Beantworte die folgenden Fragen zum Text schriftlich in deinem Heft oder auf einem Blatt.
a) Wofür ist Arachne bekannt?
b) Warum begegnen sich Arachne und Athene?
c) Welchen Wettstreit tragen die beiden aus?
d) Womit beleidigt Arachne Athene?
e) Was ist Arachnes Strafe?

4. Finde im Text die wichtigsten Merkmale einer Sage und unterstreiche die passende Textstelle. Der Merkkasten hilft dir dabei.

Die Merkmale einer Sage
- Sagen nehmen Bezug auf echte Orte, die im Text genannt werden.
- Sagen handeln von Menschen, die tatsächlich gelebt haben.
- Übernatürliche Wesen, wie Götter, sprechende Tiere, Drachen usw., können in Sagen eine Rolle spielen.
- Sagen haben nicht immer ein glückliches Ende.
- Personen, die sich falsch verhalten haben, werden dafür bestraft.
- Sagen vermitteln eine Lehre oder Moral an die Leserinnen und Leser.

Sagen spinnen (4/4)

5. Spinne deine eigene moderne Sage. Die Zutaten aus dem Rezept helfen dir.

★ TIPP: Für eine kreativere Umsetzung erstelle zu deiner Sage gerne auch ein Plakat oder eine Collage und stelle sie neben dich, wenn du deine Sage vorliest.

Rezept für eine moderne Sage

Zutaten

→ ein interessanter Ort
Suche dir einen Ort aus, an dem deine Sage spielt. Dieser Ort kann real existieren, wie z. B. Schloss Neuschwanstein oder der Hexentanzplatz im Harz. Es darf aber auch ein erfundener Ort sein.

→ ein Zeitpunkt in der Vergangenheit
Du kannst z. B. das Mittelalter, die Barockzeit oder auch einen Zeitpunkt vor ein paar Jahren auswählen. Wichtig ist nur, dass deine Sage etwas in der Vergangenheit beschreibt.

→ eine besondere Hauptfigur
Wähle eine Hauptfigur, die dir gefällt. Es ist egal, ob Frau, Mann oder non-binär, aber die Figur sollte eine besondere Eigenschaft haben: heldenhaft, stark, klug oder auch – wie Arachne – hochnäsig, eitel oder stur.

→ eine spannende Handlung
Überlege dir, was in deiner Sage passieren soll. Die Handlung kann spannend, gruselig sein oder auch eine Lehre vermitteln.

→ ein passender Titel
Wähle einen interessanten Titel, der die Aufmerksamkeit der Leserinnen und Leser weckt.

Folgende Begriffe können dir vielleicht helfen:

Smartphone – Nachsitzen – böser Stiefvater – geheimes Treffen – Escape-Room – bestehen – Rettung – Trick – Notendruck – Glamour – Youtube – träumen – beste Freundin – beeindrucken – Überraschung – sich verirrt haben – sich weigern

Projektübersicht und Lehrerhinweise

Projekt: Alte und neue Wunscherfüller (S. 18 und 19)	
Darum geht's	Die Schüler*innen beschäftigen sich mit dem Ersten Merseburger Zauberspruch und verfassen einen eigenen Zauberspruch.
Behandelte Themen	der Glaube an Zauberei als Bestandteil des (früh-)mittelalterlichen Weltbildes und als Spender von Trost und Hoffnung
Kompetenzziele	Die Schüler*innen ... - erschließen sich den Merseburger Zauberspruch gestaltend. - vollziehen den Zweck des mittelalterlichen Magieglaubens nach. - reflektieren eigene Wünsche und verfassen einen eigenen passenden Zauberspruch.
Vorwissen	Die Schüler*innen ... - wissen, dass es im Mittelalter unterschiedliche Phasen gab. - wissen, dass vor der Ausbreitung des Christentums unterschiedliche Glaubensrichtungen verbreitet waren, u.a. auch das Heidentum.

Hinweise zu Stundeninhalt und Methode

Zaubersprüche gibt es nicht erst seit „Harry Potter". Bereits im Mittelalter war der Glaube an Magie und auch an Zaubersprüche fest im Alltag verankert.
Für die Zeit des Frühmittelalters (500–1180) sind die Merseburger Zaubersprüche überliefert. Diese Schriftstücke heidnischen Inhalts sind in althochdeutscher Sprache im Merseburger Dom zu betrachten – und damit ein ganz reales Beispiel für Zaubersprüche und deren Funktion in der Epoche. Lesen Sie die Zaubersprüche in Althochdeutsch vor, um den Unterricht immersiv zu gestalten und der Klasse das Lesen zu erleichtern.
Nach Erschließung der Merseburger Zaubersprüche werden die Schüler*innen selbst aktiv, indem sie für persönliche Lebenslagen, Wünsche, Träume oder Ziele einen eigenen Zauberspruch verfassen.
Da Kinder und Jugendliche häufig kleine oder große Wünsche haben, die in Erfüllung gehen sollen, erfreut sich dieses Projekt großer Beliebtheit.
Als Alternative für Lerngruppen, die sich mit kreativen Schreibaufgaben doch etwas schwertun, ist es auch möglich, dass die Kinder und Jugendlichen bereits bekannte Zaubersprüche (z.B. aus „Harry Potter", „Herr der Ringe" oder anderen Fantasy-Serien) mitbringen und deren Bedeutung/Funktion eigenständig erklären.

Aufgabe 2b (Musterlösung)
Wir glauben, der Merseburger Zauberspruch wurde eingesetzt, **um Gefangene zu befreien und vor Feinden zu schützen**. Er wurde vermutlich gesprochen, wenn **Krieg war oder man sich verteidigen musste**. Der Spruch sollte **schützen** und **Kraft spenden**.

Projekt: „Einfach märchenhaft!“ (S. 20–22)	
Darum geht's	In diesem Projekt beschäftigt sich die Klasse mit einer wichtigen Textsorte während der Epoche der Romantik, den Märchen. Die Schüler*innen erarbeiten (bzw. wiederholen) anhand eines bekannten Beispiels wichtige Merkmale von Märchen. Diese Merkmale werden in das Märchenschloss eingetragen. Nach der Festigung der Merkmale anhand eines Märchenmemorys gestalten die Schüler*innen ein eigenes Lapbook bzw. eine eigene Lesekiste zu einem Märchen ihrer Wahl.
Behandelte Themen	- Märchen „Rotkäppchen“ - Merkmale von Märchen - Erstellung einer Lesekiste
Kompetenzziele	Die Schüler*innen ... - kennen/wiederholen die Merkmale von Märchen. - erkennen diese in verschiedenen Märchen wieder. - sammeln und erstellen passendes Material zu „Rotkäppchen“. - gestalten eine Lesekiste.
Vorwissen	Die Schüler*innen kennen die wichtigsten Merkmale von Märchen und können hierzu auch Beispiele nennen.

Hinweise zu Stundeninhalt und Methode

Märchen (aus dem mittelhochdeutschen *maere* = „Kunde“, „Bericht“, „Nachricht“) erfreuen sich bereits im Kindergartenalter großer Beliebtheit. Vorlesen, Nacherzählen, Mitfühlen und Weitererzählen von Märchen fördern Kreativität, Literacy und Storytelling. Mit Märchen können Inhaltsangaben und Figurencharakteristiken sehr gut geübt werden und da sie bereits seit dem Kindergarten bekannt sind, können Märchen auch gut in den Epochenunterricht eingebaut werden. Die Merkmale sind fast immer bekannt und können schnell wieder in Erinnerung gerufen werden.
Nach der Erarbeitung der verschiedenen Merkmale anhand eines Beispiels wird in Form eines Märchenschlosses das vorhandene Wissen anhand von Kategorien strukturiert. Anschließend kann mit einem Märchenpuzzle in der nächsten Unterrichtsstunde wieder erneut in das Thema eingestiegen werden. Alternativ ist es ebenso möglich, das Märchenpuzzle abschließend als Quiz zu spielen, bevor der nächste Lernbereich begonnen wird.
Die große Aufgabe, die auch gerne als „Fleißaufgabe“ umschrieben wird, ist die Erstellung einer Lesekiste. Alternativ zur Lesekiste wäre auch ein Lapbook umsetzbar. Hierbei ist allerdings noch zu erwähnen, dass das Lapbook um einiges mehr „Fingerspitzengefühl“ erfordert als die Lesekiste, bei der ein Schuhkarton bereits eine große Unterstützung ist. Lesekisten haben den Vorteil, dass diese „Fleißaufgabe“ vielen Schüler*innen die Möglichkeit gibt, eine gute Note zu Hause zu erarbeiten. Es sollte allerdings unbedingt darauf geachtet werden, einkommensschwächere Familien bzw. Familien, in denen beide Sorgeberechtigten viel arbeiten, nicht auszuschließen. Vielleicht kann die Lesekiste während des Ganztagesangebotes oder im Hort erstellt werden.
Bei der Erstellung der Lesekiste kann auch fächerverbindend mit dem Fach Kunst zusammengearbeitet werden oder es gibt die Möglichkeit, Materialien aus dem Kunstraum zu erhalten. Häufig werden für eine Lesekiste viele Materialien benötigt und besonders für einkommensschwächere Familien ist es eine große Hilfe, wenn sie Materialien aus einem Fundus entnehmen können.
Für größere bzw. leistungsstärkere Klassen bieten Märchen später eine große Hilfe bei der Erarbeitung der neuen Textsorte Novelle, da einige Merkmale (z. B. in Eichendorffs „Das Marmorbild“) dort ebenfalls vorhanden sind.

Aufgabe 1 (Lösung):

Zahlen: 7, 12, 3
Orte: Wald, Schloss, weit entferntes Land
Aufgaben: jmdn. retten, jmdn. befreien, etwas finden, Gut gegen Böse
typische Formulierungen: „Es war einmal …", „…, dann leben sie noch heute"
Figuren: Held/Heldin, Hexe, gut, böse, Zauberer, Prinz/Prinzessin, Stiefmutter, Fee, Wolf, Schneewittchen, Zwerge

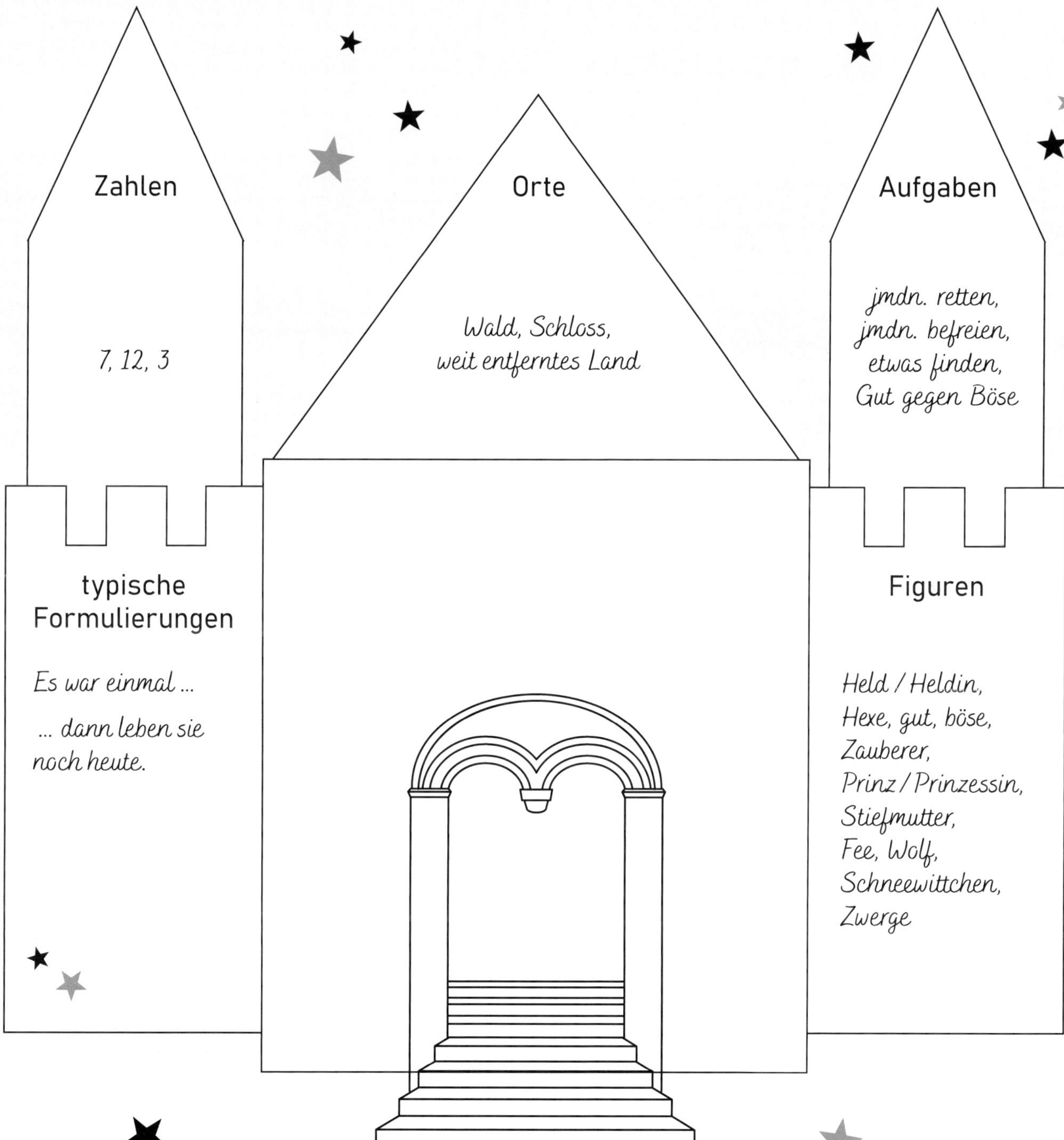

Mittelalter

Alte und neue Wunscherfüller (1/2)

Zaubersprüche kennen wir heute aus Fantasyfilmen und -büchern wie „Harry Potter“. Im Mittelalter hatten sie für Menschen eine größere Bedeutung.

1. Ein Zauberspruch, der bis heute überliefert wurde, ist der Erste Merseburger Zauberspruch.
   a) Lies den Zauberspruch und seine Übersetzung.
   b) Unterstreiche in der Übersetzung alle Verben und ihre zugehörigen Nomen.

1 **Eiris sazun idisi, sazun hera duoder.**

Einst saßen hier und dort Schutzgeister, mächtige Frauen,

3 **suma hapt heptidun, suma heri lezidun,**

von denen einige Fesseln knüpften, einige das feindliche Heer stoppten

5 **suma clubodun umbi cuoniouuidi:**

und einige ringsumher die Fesseln Gefangener lösten:

7 **insprinc haptbandun, invar vigandun.**

Entspringe auch du deinen Fesseln und entfliehe dem Feind!

2. Untersucht zu zweit, welche Wörter ihr unterstrichen habt.
   a) Tauscht euch gemeinsam darüber aus, welche Hinweise diese auf den Zweck des Spruchs geben.
   b) Formuliert eine Vermutung, indem ihr den folgenden Satz vervollständigt:

Wir glauben, der Merseburger Zauberspruch wurde eingesetzt, um

....

Er wurde vermutlich gesprochen, wenn

....

Der Spruch sollte

....

und

....

3. Tauscht euch im Klassengespräch über eure Vermutungen aus.

Quelle: Domstiftsbibliothek Naumburg (Hrsg.): Erster Merseburger Zauberspruch. Zit. n.: Jost Gippert: Thesaurus Indogermanischer Text- und Sprachmaterialien (TITUS). Universität Frankfurt, URL: < titus.uni-frankfurt.de/texte/etcs/germ/ahd/mersebg/merset.htm > [letzter Zugriff: 19.05.2023]. Frei übersetzt.

Alte und neue Wunscherfüller (2/2)

Der Erste Merseburger Zauberspruch ist eine Art Schutzzauber zur Befreiung Gefangener. Es gab viele Gründe, warum Menschen im Mittelalter an Zaubersprüche glaubten. Mit Zaubersprüchen versuchten sie, sich z. B. Wünsche zu erfüllen.

1. Sammelt in einer Mindmap an der Tafel schlagwortartig Ideen, was sich Menschen im Mittelalter wohl gewünscht haben. Denkt dabei an die mittelalterlichen Lebensumstände.

2. Denke nun an dein eigenes Leben.

a) Notiere stichpunktartig drei Ideen, welche Wünsche dir ein Zauberspruch erfüllen könnte.

b) Verfasse einen kurzen Zauberspruch zur Wunscherfüllung! Der Zauberspruch kann aus einem kurzen Satz oder auch nur zwei Wörtern, wie bei „Harry Potter“, bestehen. Du kannst auch einen längeren Spruch dichten, der sich reimt.

3. Lies deinen Zauberspruch in der Klasse vor und lasse die anderen erraten, welche Bedeutung er hat.

Einfach märchenhaft! (1/3)

1. Tragt die Begriffe aus dem Merkkasten unten passend in das Märchenschloss ein.

TIPP: Falls du noch weitere Begriffe kennst, kannst du sie auch gerne eintragen.

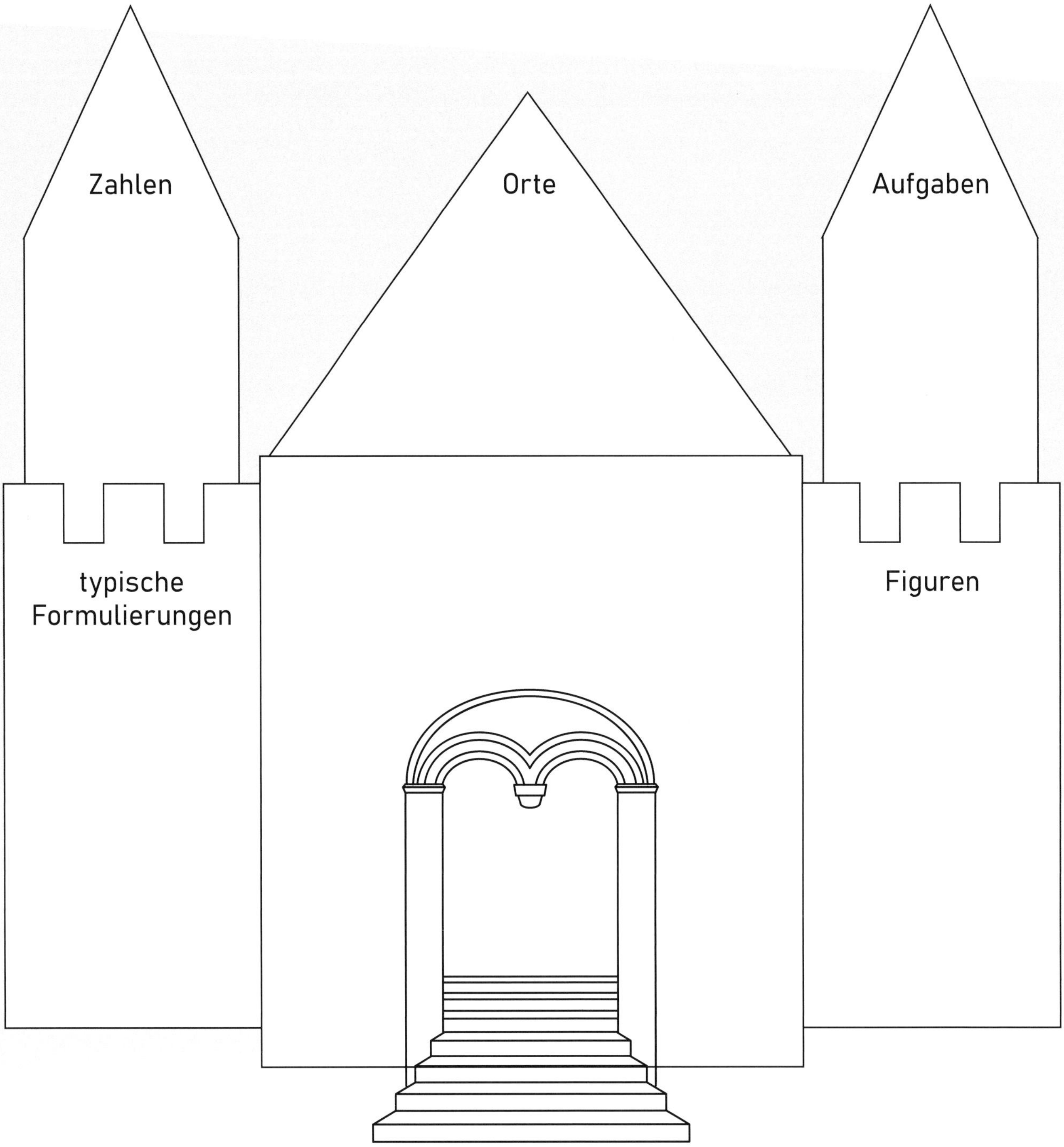

Held/Heldin – gut – 7 – „Es war einmal ...“ – Wald – „..., dann leben sie noch heute“ – Hexe – Zauberer – Prinz/Prinzessin – Stiefmutter – böse – Fee – etw. finden – Schloss – 12 – jmdn. retten – Wolf – jmdn. befreien – Schneewittchen – 3 – Zwerge – weit entferntes Land – Gut gegen Böse

Einfach märchenhaft! (2/3)

2. Lies dir das Märchen durch.
a) Unterstreiche alle Merkmale aus Aufgabe 1, die du im Märchentext finden kannst.
b) Vergleicht eure unterstrichenen Stellen und die gefundenen Merkmale gemeinsam in der Klasse.

Rotkäppchen

Es war einmal ein kleines Mädchen, das jede und jeder gernhatte. Vor allem aber ihre Großmutter liebte das Kind sehr. Einmal schenkte sie ihm eine Kappe aus rotem Samt und weil das Mädchen die Kappe so sehr mochte, trug es sie jeden Tag. Darum wurde es bald von allen nur noch „Rotkäppchen" genannt.
Eines Tages sollte Rotkäppchen einen Korb mit Kuchen und Wein zu seiner Großmutter in den Wald bringen, um diese aufzuheitern. Gerne übernahm Rotkäppchen die Aufgabe und machte sich auf den Weg. Die Großmutter wohnte etwa eine halbe Stunde vom Dorf entfernt. Die Mutter warnte Rotkäppchen, nicht vom Weg abzukommen.
Kurz nachdem das Mädchen den Wald betreten hatte, begegnete ihm der Wolf. Rotkäppchen wusste nicht, dass er böse war, und hatte keine Angst.
„Guten Tag, Rotkäppchen!", sprach er. Rotkäppchen bedankte sich.
„Wo willst du denn hin so früh, Rotkäppchen?" Rotkäppchen sagte: „Zur Großmutter."
„Was trägst du da in deinem Körbchen?" Rotkäppchen nannte Kuchen und Wein.
„Wo wohnt denn deine Großmutter?" Rotkäppchen beschrieb freundlich den Weg.
Der Wolf dachte: „Das Kind wird mir noch besser schmecken als die Alte. Ich muss mir einen Plan ausdenken, sodass ich beide erwische."
„Sieh doch nur, Rotkäppchen, die schönen Blumen!", sagte der listige Wolf.
Rotkäppchen sah, wie schön die Sonne durch die Bäume fiel, und entdeckte die Blumen. Da dachte es: „Wenn ich der Großmutter einen frischen Strauß mitbringe, wird ihr das Freude machen! Ich habe noch Zeit dafür." Und so ging es ab vom Weg, um Blumen zu pflücken.
Der Wolf aber ging geradewegs zum Haus der Großmutter und klopfte an die Tür.
„Wer ist draußen?", fragte die Großmutter. Der Wolf entgegnete: „Rotkäppchen, ich bringe dir Kuchen und Wein, mach auf!" – „Drück nur auf die Klinke", rief die Großmutter, „ich bin zu schwach und kann nicht aufstehen." Der Wolf drückte auf die Klinke, die Tür sprang auf und er ging zum Bett der Großmutter und verschluckte sie. Dann zog er ihre Kleider an, setzte ihre Haube auf, legte sich in ihr Bett und zog die Vorhänge zu.
Als Rotkäppchen auch bei der Großmutter ankam, wunderte es sich, dass die Tür aufstand. Ihm war ganz ängstlich zumute, als es eintrat. Es rief: „Guten Morgen, liebe Großmutter!" bekam aber keine Antwort. Darauf ging es zum Bett und zog die Vorhänge zurück: Da lag die Großmutter, hatte die Haube tief ins Gesicht gezogen und sah so wunderlich aus.
„Ei, Großmutter, was hast du für große Ohren?" – „Dass ich dich besser hören kann."

Quelle: Gebrüder Grimm: „Rothkäppchen", in: Kinder- und Haus-Märchen Band 1, Große Ausgabe. S. 140–144. Dieterich, Göttingen: 1857. Text aus didaktischen Gründen verändert und gekürzt.

Einfach märchenhaft! (3/3)

„Ei, Großmutter, was hast du für große Hände?“ – „Dass ich dich besser packen kann.“ „Aber, Großmutter, was hast du für ein entsetzlich großes Maul?“ – „Dass ich dich besser fressen kann!“

Kaum hatte der Wolf das gesagt, sprang er mit einem Satz aus dem Bett und verschlang das arme Rotkäppchen. Satt legte er sich wieder ins Bett, schlief ein und fing an, überlaut zu schnarchen.

Der Jäger ging eben am Haus vorbei und dachte: „Wie die alte Frau schnarcht. Da frage ich lieber mal nach, ob ihr was fehlt.“

Er trat in die Stube und sah, dass der Wolf im Bett lag. Nun wollte er sein Gewehr anlegen, jedoch fiel ihm ein, dass der Wolf ja die Großmutter gefressen haben könnte. Vielleicht wäre sie noch zu retten. So nahm er eine große Schere und fing an, dem schlafenden Wolf den Bauch aufzuschneiden. Nach ein paar Schnitten sah er das rote Käppchen und wenig später sprang das Mädchen heraus. Dann kam auch die alte Großmutter lebendig heraus. Rotkäppchen holte einige große Steine, damit füllten sie dem Wolf den Bauch und als er aufwachte, konnte er nicht fortlaufen, sondern fiel tot um.

Da waren alle drei vergnügt. Der Jäger nahm den Wolf und ging nach Hause. Die Großmutter aß den Kuchen, trank den Wein und erholte sich wieder. Und Rotkäppchen schwor sich, solang es lebte, nie wieder vom Weg ab in den Wald hineinzulaufen.

3. Erstelle eine Lesekiste. Gehe dabei wie folgt vor:
- **a)** Lies das Märchen „Rotkäppchen“, wenn nötig, noch einmal.
- **b)** Suche dir zu Hause einen Schuhkarton oder eine ähnlich große Kiste. Besorge dir Bastelmaterialien, wie z. B. Kleber, Schere, Papier, Pappe, Sticker, Bilder, Fotografien, Postkarten oder Zeichnungen.
- **c)** Gestalte das Äußere der Lesekiste, passend zum Märchen.
- **d)** Wähle mindestens fünf Gegenstände, die einen Bezug zu dem Märchen haben.

★ TIPP: Tausche dich mit Mitschülerinnen und Mitschülern aus, um gemeinsam Ideen zu entwickeln.

4. Präsentiere dein Ergebnis in der Klasse.

★ TIPP: Mache, bevor du zur Schule fährst, noch ein Foto von deiner Lesekiste. Falls etwas auf dem Schulweg kaputtgeht, hast du ein Foto von deiner perfekten Lesekiste.

Quelle: Gebrüder Grimm: „Rothkäppchen“, in: Kinder- und Haus-Märchen Band 1, Große Ausgabe. S. 140–144. Dieterich, Göttingen: 1857. Text aus didaktischen Gründen verändert und gekürzt.

Projektübersicht und Lehrerhinweise

Projekt: Höhen und Tiefen (S. 25-27)	
Darum geht's	Das Sonett war die vorherrschende Gedichtform im Barock. Die Schüler*innen erstellen ein eigenes Sonett und berücksichtigen dabei die formalen Merkmale.
Behandelte Themen	- das Motiv der Vergänglichkeit in „Es ist alles eitel" von Andreas Gryphius - die Balance zwischen Gutem und Schlechtem im eigenen Alltag sowie im Gedichttext
Kompetenzziele	Die Schüler*innen ... - reflektieren Höhen und Tiefen in ihrem eigenen Leben und vollziehen dadurch das barocke Motiv der Vergänglichkeit nach. - kennen bzw. wiederholen den formalen Aufbau eines Sonetts. - erschließen sich gestaltend die Form des barocken Sonetts. - wiederholen das Reimschema des umarmenden Reims.
Vorwissen	Die Schüler*innen ... - kennen das Koordinatensystem und grafische Darstellungen. - kennen verschiedene Reimschemata. - verfügen über Grundlagenwissen zu Merkmalen von Gedichten. - kennen die Begriffe „Vers" und „Strophe".

Hinweise zu Stundeninhalt und Methode

Besonders während der Epoche des Barocks spielte das Sonett eine bedeutende Rolle[1].
Das Sonett wird als ruhig und harmonisch angesehen, da der klare Aufbau Struktur und Einheit vermittelt. Diese klare Struktur erachten Schüler*innen allerdings oft auch als eintönig und langweilig, da der formale Aufbau den Dichter*innen wenig Spielraum für Kreativität bot.
Das Projekt beginnt daher damit, dass ein klarer Lebensweltbezug hergestellt wird. Die Schüler*innen vollziehen, ausgehend von dem jeweils zurückliegenden Jahr, Höhe- und Tiefpunkte – und nehmen damit ganz automatisch eine für den Barock typische Sichtweise auf das Leben ein. Ihre Ergebnisse halten sie in einem „Stimmungsdiagramm" grafisch fest.
Anschließend lesen sie „Es ist alles eitel" von Andreas Gryphius als ein prägnantes Beispiel aus der Epoche. Nach einem kurzen Austausch über den Inhalt nutzen sie den Text als Inspiration für ein eigenes Sonett. Dabei beachten sie die wesentlichen formalen Vorgaben.[2]
Da die Form des Sonetts strengen Vorgaben folgt, ist sie bei den Schüler*innen, die meist ohnehin nur schwer Zugang zu lyrischen Texten finden, nicht unbedingt beliebt. Je nach Lerngruppe kann, an das Projekt anschließend, der zynische Text „Materialien zu einer Kritik der bekanntesten Gedichtform italienischen Ursprungs" von Robert Gernhardt gelesen und besprochen werden. Diese Parodie auf das Sonett findet eventuell mehr Anklang und inspiriert ggf. dazu, sich Textarten auf humorvolle Weise anzueignen.

[1] Das Sonett kam später noch einmal in der Epoche des Expressionismus verstärkt zum Einsatz und kann bei diesem Thema ebenfalls vertieft bzw. wiederholt werden.

[2] Aus Gründen der didaktischen Reduktion wird das Metrum des Sonetts nicht behandelt und es wird auch nicht erwartet, dass die Sonette der Schüler*innen dem Jambus folgen.

Projekt: „Meine Bucket-List" (S. 28 und 29)	
Darum geht's	Die Schüler*innen erstellen eine persönliche Bucket-List und reflektieren dadurch die Vergänglichkeit des Lebens – ein wichtiges Motiv im Barock.
Behandelte Themen	„Vanitas", „Carpe diem" und „Memento mori" als typische Motive des Barocks
Kompetenzziele	Die Schüler*innen ... - reflektieren Ziele für ihr eigenes Leben – und damit auch dessen Vergänglichkeit. - erschließen epochentypische Merkmale gestaltend durch die „Bucket-List".
Vorwissen	Die Schüler*innen ... - verfügen über grundlegendes zeitgeschichtliches Wissen über den Zeitraum 1600–1720. - haben eine grobe Vorstellung von der Lebensrealität.

Hinweise zu Stundeninhalt und Methode

Der Dreißigjährige Krieg, Krankheiten, Seuchen und Hexenwahn brachten den Menschen viel Leid, Ängste, Sorgen und Nöte. Aufgrund dessen war man sich im Barock der eigenen Sterblichkeit täglich bewusst. Die Menschen versuchten, ihr Leben mit so viel Freude wie möglich zu gestalten. In der Kunst und Literatur finden sich zahlreiche Beispiele für den Gegensatz zwischen Prunk und Vergänglichkeit. Auch heute sind sich Jugendliche angesichts des Klimawandels, weltweiter Kriege und auch durch die Auswirkungen der Corona-Pandemie bewusst, dass sich jeden Moment alles ändern kann. Die Motive des Barocks – „Carpe diem", „Memento mori" und „Vanitas" – scheinen wieder aktuell. Um diese für Jugendliche greifbar zu machen, eignet sich das Verfassen einer Bucket-List[4] mit Zielen, Errungenschaften und Träumen, die bis zum Lebensende erreicht werden sollen.

Die Aufgabe erscheint etwas morbid, vermittelt aber sehr gut die Leitmotive und Themen des Barocks. Der Begriff „Bucket-List" dürfte den meisten entweder aus dem Englischunterricht oder aus dem Alltag bekannt sein. Falls nicht, kann „Bucket-List" sinngemäß mit „Wunschliste" bzw. „Lebens-To-Do-Liste" übersetzt werden.

Häufig tun sich Schüler*innen schwer, in kurzer Zeit viele Ideen für ihr restliches Leben zu finden, da damit Selbstreflexion und -erkenntnis einhergehen. Der Weg über Hobbys, Praktika, den Freundeskreis sowie (schulische) Interessen und Aktivitäten hilft häufig.

[4] Der Begriff „Bucket-List" leitet sich von der englischen Redewendung „(to) kick the bucket" ab, die wörtlich übersetzt „sterben" bedeutet.

Höhen und Tiefen (1/3)

Zum Leben gehören Höhen und Tiefen. Dieser Wechsel zwischen guten und schlechten Zeiten war auch in der Literatur des Barocks Thema.

1. Reflektiere die Höhen und Tiefen in deinem Leben.
  a) Blicke auf das letzte Jahr zurück. Notiere für jeden Monat zwei oder drei Stichpunkte mit nennenswerten positiven, neutralen oder negativen Ereignissen.
  b) Sieh dir deine Stichpunkte noch einmal an. Gab es jeweils mehr Höhe- oder Tiefpunkte?

  Bewerte jeden Monat auf einer Skala von 1 (viele Tiefpunkte) bis 5 (viele Höhepunkte).

2. Übertrage deine Ergebnisse in die folgende Grafik.
  a) Beschrifte zunächst die x-Achse mit den Monaten des zurückliegenden Jahres. Beginne am ersten Punkt ganz links mit dem Monat, der heute genau ein Jahr zurückliegt. Notiere die folgenden Monate, bis du ganz rechts bei dem aktuellen Monat angekommen bist.
  b) Mache für jeden Monat, entsprechend deiner Bewertung, einen Punkt auf dem Feld.
  c) Verbinde die Punkte mit einer Linie. So erhältst du dein Stimmungsdiagramm.

Mein Stimmungsdiagramm für das Jahr: ....

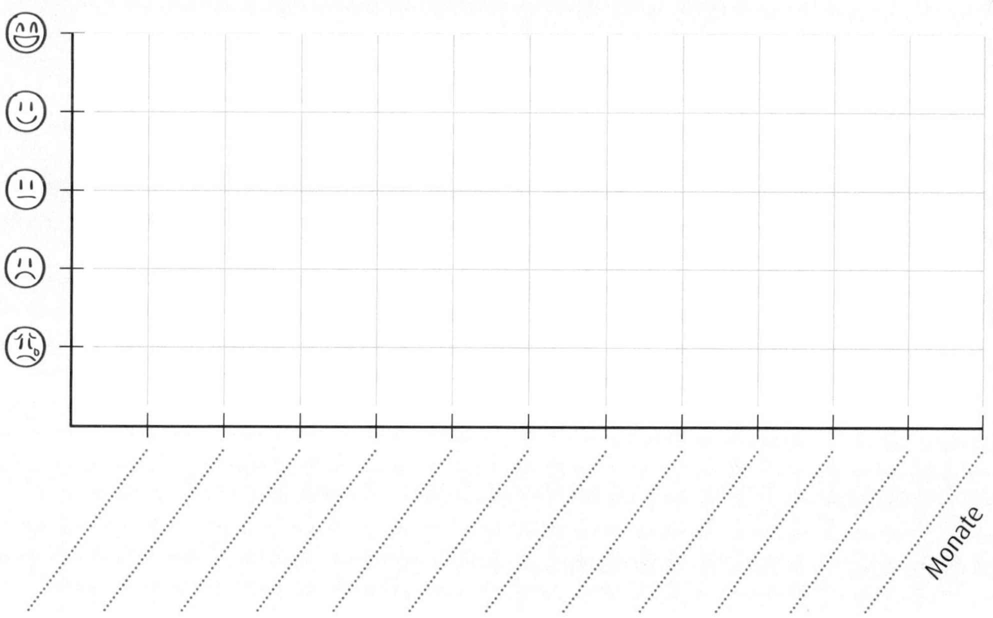

★ **TIPP:** Sollte es dir schwerfallen, Höhepunkte zu finden, kann es dir helfen, eine Freundin oder einen Freund zu fragen. Diese sehen manchmal Positives, an das man selbst nicht sofort denkt.

★ **3.** Stellt eure Ergebnisse in der Klasse vor. Führt euch vor Augen, dass es bei jeder und jedem sowohl Höhen als auch Tiefen gibt, da diese zum Leben dazugehören.

Höhen und Tiefen (2/3)

4. Der Autor Andreas Gryphius hat ein Sonett über den Wechsel von Höhe- und Tiefpunkten geschrieben.

a) Lies das Sonett zunächst einmal. Klärt Verständnisfragen gemeinsam in der Klasse.

Andreas Gryphius
Es ist alles eitel

Du siehst, wohin du siehst, nur Eitelkeit auf Erden.
Was dieser heute baut, reißt jener morgen ein:
Wo jetzt Städte stehn, wird eine Wiese sein
Auf der ein Schäferskind wird spielen mit den Herden:

Was jetzt prächtig blüht, soll bald zertreten werden.
Was jetzt so pocht und trotzt, ist morgen Asch und Bein
Nichts ist, das ewig sei, kein Erz, kein Marmorstein.
Jetzt lacht das Glück uns an, bald donnern die Beschwerden.

Der hohen Taten Ruhm muss wie ein Traum vergehn.
Soll denn das Spiel der Zeit, der leichte Mensch bestehn?
Ach! Was ist alles dies, was wir für köstlich achten,

Als schlechte Nichtigkeit, als Schatten, Staub und Wind;
Als eine Wiesenblum, die man nicht wiederfind't.
Noch will, was ewig ist, kein einzig Mensch betrachten!

Quelle: Andreas Gryphius: „Es ist alles eitel", in: Projekt Gutenberg,
URL: < www.projekt-gutenberg.org/gryphius/gedichte/chap003.html > [letzter Zugriff: 19.05.2023].

b) Sammle alle Beispiele für Vergänglichkeit, deren Entstehung und Zerfall Gryphius nennt, in deinem Heft oder auf einem Blatt.

c) Im letzten Vers seines Sonetts schreibt Gryphius „Noch will, was ewig ist, kein einzig Mensch betrachten!". Erkläre, was er damit meint.

★ **d)** Warum haben die Dinge, die vergänglich sind, oft einen größeren Reiz? Begründe anhand eines selbst gewählten Beispiels schriftlich auf einer halben bis einer Seite.

Höhen und Tiefen (3/3)

5. Informiere dich im Merkkasten über die Gedichtform des Sonetts.

Die Merkmale des Sonetts
Das Sonett ist eine Gedichtform, die typisch für den Barock ist.
Sonette folgen ganz bestimmten Regeln:
- drei Strophen mit insgesamt 14 Versen
- in den ersten beiden Strophen je vier Verse
- in den letzten beiden Strophen je drei Verse
- in den ersten beiden Strophen umarmender Reim (Muster: *a-b-b-a*)
- in der letzten Strophe Schweifreim (Muster: *a-a-b* oder *b-b-a*)

6. Wähle im Folgenden zwischen a) und b).

a) In Gryphius' Sonett enden alle Verse negativ: etwas wird zertreten, zerfällt zu Asche und ist nur Staub und Wind. Verfasse eine Antwort auf Gryphius' Gedicht, in der die positive Seite von Vergänglichkeit und Veränderung im Fokus steht. Beachte dabei die Hinweise aus dem Merkkasten.

b) Gryphius beschreibt in seinem Sonett den Zeitgeist des Barocks: Alles ist vergänglich, deshalb muss man im Moment leben und diesen voll auskosten. Sieh dir dein Stimmungsdiagramm aus Aufgabe 2 noch einmal an. Verfasse, inspiriert von Gryphius' Gedicht, ein eigenes Sonett über die Höhen und Tiefen im vergangenen Jahr. Beachte dabei die Hinweise aus dem Merkkasten.

TIPP: Denk daran, deinem Sonett einen passenden Titel zu geben!

Überschrift ....

4 Verse ....

....

....

....

4 Verse ....

....

....

....

3 Verse ....

....

....

3 Verse ....

....

....

Meine Bucket-List (1/2)

Ihr habt euch in den letzten Stunden mit der Literaturepoche des Barocks beschäftigt. Drei wichtige Leitmotive dieser Barockepoche sind „Carpe diem“, „Memento mori“ und „Vanitas“.
Aufgrund von Krankheiten, Kriegen und Leid versuchten die Menschen, ihr Leben so angenehm und schön zu gestalten, wie es zu dieser Zeit möglich war. Beispielsweise versuchten sie, Ziele und Wünsche nicht aufzuschieben, sondern diese in die Tat umzusetzen und sich Wünsche zu erfüllen. Dafür mussten sie allerdings wissen, welche Ziele sie in ihrem Leben erreichen wollten und welche Wünsche sie hatten. Genauso sollt ihr euch ebenso euren persönlichen Zielen, Träumen und Wünschen widmen.

1. Erstelle eine eigene persönliche Bucket-List für dein Leben.

a) Stelle dir die folgenden Fragen. Notiere deine Gedanken stichpunktartig in deinem Heft oder auf einem Blatt.

- Welche Wünsche und Ziele hast du?
- Wohin möchtest du vielleicht einmal reisen?
- Mit wem willst du vielleicht einmal verreisen?
- Welchen Beruf möchtest du erlernen?
- Welche neuen Hobbys möchtest du ausprobieren?
- Was möchtest du einmal erlebt und gesehen haben?
- Wovon träumst du?

b) Überlege anhand deiner Notizen, was du gerne einmal erleben, ausprobieren, lernen oder erfahren möchtest. Formuliere konkrete Punkte aus und schreibe sie auf deine Bucket-List.

★ **TIPP:** Falls es dir schwerfällt, auf einmal viele Ideen und Ziele zu formulieren, überlege zuerst, welche Hobbys du bereits jetzt gerne ausübst, welche Filme dir gefallen und wo du schon einen schönen Urlaub hattest. Ausgehend davon, kannst du ähnliche Erfahrungen als Ziel auf deine Bucket-List setzen.

Meine Bucket-List (2/2)

Das muss ich unbedingt sehen, erleben und machen! Meine Wünsche:

- [ ] ……
- [ ] ……
- [ ] ……
- [ ] ……
- [ ] ……
- [ ] ……
- [ ] ……
- [ ] ……
- [ ] ……

Projektübersicht und Lehrerhinweise

Projekt: Think like Kant! (S. 32 und 33)	
Darum geht's	Nach genauerer Betrachtung des aufklärerischen Gedankens Kants sollen die Schüler*innen eigenständig über ein selbst gewähltes Thema aufklären, indem sie einen Aufruf verfassen.
Behandelte Themen	- der aufklärerische Leitspruch Immanuel Kants - Weltbild und Themen der Literaturepoche Aufklärung
Kompetenzziele	Die Schüler*innen ... - untersuchen Kants Leitgedanken zur Aufklärung. - diskutieren die (Un-)Mündigkeit der Menschen. - erschließen den Leitgedanken durch Erstellung eigener Aufrufe.
Vorwissen	-

Hinweise zu Stundeninhalt und Methode

Spricht man über die Literaturepoche der Aufklärung, fällt unweigerlich der Name Immanuel Kant. Er gilt als wichtigster Logiker der Aufklärung. Sein Ausspruch „Sapere aude! Habe Mut, dich deines eigenen Verstandes zu bedienen!" gilt als Leitspruch der Epoche. In der Epoche strebten die Menschen nach Freiheit, Glück und Vernunft. Lange bestehende Herrschaftssysteme wurden hinterfragt oder gestürzt. In diesem Zug entstand ein neues bürgerliches (Selbst-)Bewusstsein, das u. a. 1789 in die Französische Revolution mündete. Es ist wichtig, zu wissen, dass die Epoche der Aufklärung parallel zu den Strömungen der Empfindsamkeit (1740–1790) und des Sturm und Drang (1765–1790) verlief. Gerade der Sturm und Drang, aber auch die Romantikepoche können als Gegenbewegungen zur vernunftgeleiteten Epoche der Aufklärung gesehen werden.
Der Leitspruch Kants ist in den meisten Klassen bekannt. Im Unterricht wird sich häufig auf die wichtigsten Merkmale, Vertreter*innen und Themen beschränkt. Durch das folgende Projekt erfolgt nicht nur eine genauere theoretische Betrachtung von Kants Leitspruch, sondern auch eine praktische Umsetzung der erworbenen Kenntnisse und Fähigkeiten. Durch die Wahl eines eigenen Themas wird der Bezug zur eigenen Lebenswelt hergestellt.
Die Schüler*innen können eine Rede oder auch einen Leserbrief zu ihrem Thema verfassen. Letzterer bietet sich in jüngeren oder weniger leistungsstarken Klassen an. Damit alle Schüler*innen ihre Ergebnisse präsentieren können, sollten mindestens zwei Unterrichtsstunden à 45 Minuten eingeplant werden. Für die Erarbeitung benötigt man eine Unterrichtsstunde.
Sollten sich Ihre Schüler*innen damit schwertun, einen Aufruf zu verfassen, z. B. weil sie der Überzeugung sind, dass sich an der Schule nichts verbessern kann, können sie auf die mit Stern markierte Aufgabe 8 ausweichen.

Projekt: „Ich kenne mich gut genug!" (S. 34–36)	
Darum geht's	In diesem Projekt befassen sich die Schüler*innen mit einer wichtigen Textsorte der Aufklärung: der Fabel. Durch die Fabel „Der Rangstreit der Tiere" von Lessing wird anhand des Inhalts der Epochenleitspruch „Nutze deinen Verstand!" nachvollzogen. Indem die Klasse, passend zum Text, in Gruppenarbeit Standbilder entwickelt, werden Text und Moral handlungsorientiert erarbeitet. Die Moral wird am Ende schriftlich festgehalten..
Behandelte Themen	- Merkmale der Textsorte „Fabel" - Menschenbild der Aufklärung - Textform des Aufrufs
Kompetenzziele	Die Schüler*innen ... - erschließen Inhalt und Moral der Fabel „Der Rangstreit der Tiere". - vollziehen Handlungsmotive und -absichten der Figuren nach. - stellen den Inhalt der Fabel und die Beziehung der Figuren zueinander in Standbildern dar. - formulieren, passend zur Fabel, eine Moral und beziehen dabei Epochenwissen mit ein.
Vorwissen	Die Schüler*innen ... - kennen die Merkmale einer Fabel (optional). - verfügen über Grundlagenwissen über das Weltbild der Aufklärung (z. B. durch das Projekt „Think like Kant!" erarbeitet). - können Standbilder stellen.

Hinweise zu Stundeninhalt und Methode

Um den Leitgedanken der Aufklärung „Nutze deinen Verstand!" mit Leben zu füllen, wurde die Fabel „Der Rangstreit der Tiere" gewählt. In dieser Fabel behandelt Lessing die Emanzipation des Bürgertums. Die Fabel ist ein Aufruf dazu, nicht darauf zu warten, dass vermeintlich kompetente Personen Entscheidungen für einen selbst treffen.

Der Text ist bereits durch den Autor in vier Teile unterteilt, wodurch er gut schrittweise erarbeitet werden kann. Der Inhalt ist leicht zu erschließen und nachzuvollziehen. Dadurch, dass verschiedene Figuren auftreten und miteinander agieren, eignet sich die Fabel als Grundlage für die Erarbeitung passender Standbilder. Durch die aktive Auseinandersetzung mit dem Text und seinem Inhalt wird die Moral noch besser nachempfunden. Die Erarbeitung von Text und Standbildern erfordert jeweils eine Unterrichtsstunde, wodurch sich das Projekt ideal in einer Doppelstunde durchführen lässt. Je nach Leistungsstand der Lerngruppe wären drei Unterrichtsstunden angebracht, wobei die dritte Stunde zur Präsentation der Standbilder und Reflexion der Moral genutzt werden kann.

Aufgabe 4 (Musterlösung):
Mach deinen Selbstwert nicht vom Urteil anderer abhängig.

Think like Kant! (1/2)

1. Immanuel Kant ist einer der wichtigsten Philosophen der Epoche der Aufklärung.
  a) Lies den Ausspruch von Immanuel Kant.
  b) Tauscht euch zu zweit darüber aus, was Kant mit dieser Aussage wohl meint.

★ **2.** Was genau ist der Verstand eines Menschen? Sprecht in der Klasse darüber.

3. Lies den folgenden Text, der Kants Auffassung von „Aufklärung" zusammenfasst. Unterstreiche dabei Textstellen, in denen es um das Verhalten der Menschen geht.

Was ist Aufklärung? Das sagt Kant:

Immanuel Kant beschreibt die Aufklärung als eine Entwicklung des Menschen aus der Unmündigkeit. Unmündigkeit bedeutet, dass Menschen nicht für sich selbst denken und entscheiden können oder wollen. Sie verlassen sich auf Vorbilder, deren Lebensstil und Regeln sie folgen können. Zur damaligen Zeit waren das z. B. adelige Herrscher*innen oder kirchliche Vertreter*innen. Kant glaubt jedoch, dass der Mensch durchaus in der Lage ist, selbst zu denken und kluge Entscheidungen zu treffen. Die Unmündigkeit ist also selbst gewählt – laut Kant, weil es den Menschen an Mut fehlt. Es ist sicherer und auch bequemer, sich an anderen zu orientieren. Jedoch können so nur schwer neue Ideen entstehen. Deshalb ermutigt Kant die Menschen, sich nicht blind auf das zu verlassen, was ihnen vermeintlich gebildete Personen vorleben, sondern sich selbst zu informieren und für sich selbst zu denken.

Text nach: Immanuel Kant: „Beantwortung der Frage: Was ist Aufklärung?", in: Projekt Gutenberg, URL: < www.projekt-gutenberg.org/kant/aufklae/aufkl001.html > [letzter Zugriff: 15.05.2023].

4. Beantworte die folgenden Fragen schriftlich mit je ein oder zwei Sätzen.
  a) Was bedeutet „Unmündigkeit"?
  b) Warum ist es laut Kant ein Problem, dass Menschen unmündig sind?
  c) Wozu ruft Kant die Menschen auf?
  d) Was ist Aufklärung laut Kant?

Think like Kant! (2/2)

5. Diskutiert gemeinsam in der Klasse, welches Bild Immanuel Kant uns von den Menschen der damaligen Zeit vermittelt.

★ **6.** Erörtert, inwiefern eine Weiterentwicklung stattgefunden hat. Würdet ihr die Menschen heute als fortschrittlich und vernunftgeleitet beurteilen oder sind sie, wie Kant es sagt, „unmündig“ geblieben?

7. Kant wollte die Menschen aufrütteln und ihnen Mut zusprechen, Dinge nicht ungefragt hinzunehmen. Er glaubte daran, dass jeder Mensch etwas zur Verbesserung der Welt beitragen kann.

a) Findet euch zu zweit zusammen. Überlegt gemeinsam: Womit könntet ihr gemeinsam mit euren Mitschülerinnen und Mitschülern dazu beitragen, dass sich an der Schule oder im Unterricht etwas verbessert? Notiert eure Gedanken stichpunktartig.

b) Informiert euch im Merkkasten über die Merkmale eines Aufrufs. Klärt Fragen gemeinsam in der Klasse.

c) Erstellt einen eigenen Aufruf zu einer der Ideen, die ihr notiert habt. Gestaltet den Aufruf mit passenden Bildern und Texten. Berücksichtigt die Hinweise aus dem Merkkasten.

Einen Aufruf gestalten

Der Aufruf ist ein kurzer Text, meist in Form eines Plakats. Aufrufe sollen Leserinnen und Leser zu einem bestimmten Handeln motivieren, z. B. der Teilnahme an einer Aktion.

Um Aufmerksamkeit zu gewinnen, sind folgende Punkte wichtig:

- auffällige und interessante Überschrift
- direkte Ansprache der Leserinnen und Leser
- den Anlass und Aktionszeitraum oder das Datum nennen und erläutern
- kurze, deutliche Sätze
- Bilder, die das Interesse wecken
- zur Zielgruppe passende Gestaltung
- Namen der Verfasserinnen und Verfasser nennen

★ **8.** Versetze dich in Kant hinein. Verfasse, passend zu seinem Anliegen der Aufklärung, einen Aufruf. Du kannst auch mit einer Partnerin oder einem Partner arbeiten.

Aufklärung

„Ich kenne mich gut genug!“ (1/3)

1. Die Fabel ist eine typische Textsorte der Aufklärung.

a) Lies den folgenden ersten Teil der vierteiligen Fabel „Der Rangstreit der Tiere“.

Gotthold Ephraim Lessing

Der Rangstreit der Tiere (in vier Fabeln)

1 Es entstand ein hitziger Rangstreit unter den Tieren. Um ihn zu schlichten, sprach das Pferd: „Lasst uns den Menschen zurate ziehen; er ist keiner von den streitenden Teilen und deshalb unparteiisch.“

„Aber hat er auch den Verstand dazu?“, ließ sich ein Maulwurf hören. „Es braucht wirklich den allerfeinsten, um unsere oft tief versteckte Vollkommenheit zu erkennen.“

„Das stimmt!“, sprach der Hamster.

„Jawohl!“, rief auch der Igel. „Ich glaube nicht, dass der Mensch genug Scharfsinn besitzt.“

„Schweigt!“, befahl das Pferd. „Wir wissen es schon: Wer sich auf seine Qualitäten am wenigsten verlassen kann, ist immer am schnellsten, die Qualität seines Richters in Zweifel zu ziehen.“

b) Fasse in eigenen Worten zusammen, worüber die Tiere streiten.

c) Erkläre, warum das Pferd den Menschen als Richter vorschlägt und was die anderen Tiere dagegen haben.

d) Erläutere, welche Sorgen sich Maulwurf, Igel und Hamster machen. Lies dazu die letzte Aussage des Pferdes (Z. 10–12) noch einmal.

2. Lies die nächsten beiden Teile der Fabel.

2 Der Mensch wurde zum Richter ernannt. – „Noch ein Wort“, rief ihm der majestätische Löwe zu, „bevor du entscheidest! Nach welcher Regel, Mensch, willst du unseren Wert bestimmen?“

„Nach welcher Regel? Ohne Zweifel danach“, antwortete der Mensch, „wie nützlich ihr mir seid.“

„Vortrefflich!“, versetzte der beleidigte Löwe.

„Wie weit würde ich dann unter dem Esel zu stehen kommen! Du kannst unser Richter nicht sein, Mensch! Verlass die Versammlung!“

3 Der Mensch entfernte sich. – „Nun“, sprach der höhnische Maulwurf (und ihm stimmten der Hamster und der Igel wieder bei), „siehst du, Pferd? Der Löwe meint es auch, dass der Mensch unser Richter nicht sein kann. Der Löwe denkt wie wir.“

„Aber aus besseren Gründen als ihr!“, sagte der Löwe und warf ihnen einen verächtlichen Blick zu.

Quelle: Gotthold Ephraim Lessing: Fabeln. Abhandlungen über die Fabel. Hrsg. v. Heinz Rölleke. Reclam, Stuttgart: 1995. Zit. n.: Projekt Gutenberg, URL: < https://www.projekt-gutenberg.org/lessing/fabel/fabel307.html > [letzter Zugriff: 15.05.2023]. Text aus didaktischen Gründen verändert.

„Ich kenne mich gut genug!“ (2/3)

3. Der Mensch hat ein Kriterium bestimmt, um die Rangordnung der Tiere festzulegen.
- **a)** Erkläre, welches Kriterium der Mensch gewählt hat.
- **b)** Begründe, warum der Löwe nicht zufrieden ist mit dem, was sich der Mensch überlegt hat.
- **c)** Diskutiert, was ihr von der Idee des Menschen haltet.

★ **4.** Der Löwe sagt, er habe bessere Gründe, den Menschen nicht als Richter zu akzeptieren, als Maulwurf, Igel und Hamster. Erläutere anhand des Textes, ob du dem zustimmst.

5. Der Löwe hat eine Begründung für seine Meinung.
- **a)** Lies den vierten und letzten Teil der Fabel.

4 Der Löwe fuhr weiter fort: „Der Rangstreit, wenn ich es recht überlege, ist ein unnützer Streit! Haltet mich für den Vornehmsten oder für den Geringsten; es ist mir egal. Ich kenne mich gut genug!“ Und so ging er aus der Versammlung.
Ihm folgte der weise Elefant, der kühne Tiger, der ernsthafte Bär, der kluge Fuchs, das edle Pferd; kurz, alle, die ihren Wert fühlten oder zu fühlen glaubten. Die sich am letzten wegbegaben und über die zerrissene Versammlung am meisten murrten, waren – der Affe und der Esel.

- **b)** Erkläre, was der Löwe mit seiner Aussage „Ich kenne mich gut genug“ meint.
- **c)** Begründe, warum nach dem Löwen auch die anderen Tiere die Versammlung verlassen.

Quelle: Gotthold Ephraim Lessing: Fabeln. Abhandlungen über die Fabel. Hrsg. v. Heinz Rölleke. Reclam, Stuttgart: 1995. Zit. n.: Projekt Gutenberg, URL: < https://www.projekt-gutenberg.org/lessing/fabel/fabel307.html > [letzter Zugriff 15.05.2023]. Text aus didaktischen Gründen verändert.

Aufklärung

„Ich kenne mich gut genug!" (3/3)

Ein Standbild stellen
Mit Standbildern kann man Szenen oder die Beziehung zwischen Figuren darstellen. Durch Körpersprache und Position werden innere Haltungen, Einstellungen und Gefühle verdeutlicht. Beachtet die folgenden Punkte:
- Achtet genau auf den Gesichtsausdruck, die Körperhaltung und die Position zu den anderen Figuren.
- Wählt eine Person als Regisseurin oder Regisseur. Sie kann euch Anweisungen geben und bei der Präsentation den Wechsel der Bilder ansagen.
- Steht während der Präsentation ganz still wie auf einem Foto.

6. Findet euch zu fünft zusammen. Erarbeitet gemeinsam, passend zum Text, vier Standbilder.
a) Entscheidet, wer von euch die Rolle des Erzählers bzw. der Erzählerin übernimmt. Diese Person liest die Texte, passend zu den Standbildern, vor. Die übrigen Gruppenmitglieder übernehmen als Darstellerinnen und Darsteller die Rollen der Tiere (z. B. Pferd, Löwe, Maulwurf, Mensch, Affe usw.).

★ TIPP: Ihr könnt als Darstellerin oder Darsteller auch verschiedene Tierrollen übernehmen. Die Erzählerrolle sollte aber immer gleich bleiben.

b) Lest euch die Fabelteile noch einmal aufmerksam durch und notiert stichpunktartig, welche Figuren auftreten und was sie tun.
c) Überlegt, ausgehend von euren Notizen, wie ihr die Textabschnitte jeweils in einem Standbild abbilden könnt.

★ TIPP: Fertigt euch Skizzen davon an, wie ihr euch hinstellen könntet.

d) Probt, den Skizzen entsprechend, eure Standbilder. Der Erzähler bzw. die Erzählerin unterstützt euch dabei mit Anweisungen und Feedback.

★ TIPP: Vereinbart ein Zeichen, auf das ihr von einem Bild zum nächsten wechselt. Der Erzähler bzw. die Erzählerin gibt euch das Zeichen bei der Präsentation.

7. Präsentiert eure vier Standbilder vor der Klasse. Der Erzähler bzw. die Erzählerin liest zu jedem Standbild den passenden Textabschnitt vor und gibt euch das vereinbarte Zeichen. Lasst euch von euren Mitschülerinnen und Mitschülern Feedback geben.

8. Fabeln haben eine Moral. Das ist eine Lehre, die aus dem Text gezogen werden kann.
a) Diskutiert, welche Lehre in der Fabel über den „Rangstreit der Tiere" steckt.
b) Notiere die Moral der Fabel in eigenen Worten.

....

....

....

Projektübersicht und Lehrerhinweise

Projekt: „Lieber Freund, liebe Freundin ..." (S. 39–41)	
Darum geht's	Die Schüler*innen lesen den Auszug aus einem Briefroman. Sie erleben die Naturverbundenheit und Ich-Bezogenheit als wesentliche Merkmale der Epoche und werden in Form eines eigenen Chat-Romans kreativ.
Behandelte Themen	- der Briefroman als typische Textform - die Natur als Spiegel der Gefühle - Sturm und Drang als Gegenbewegung zu Aufklärung und Realismus
Kompetenzziele	Die Schüler*innen ... - erschließen sich gestaltend einen Auszug aus dem Briefroman. - vollziehen Handlungsmotive der Hauptfigur nach.
Vorwissen	Die Schüler*innen kennen typische Merkmale des Sturm und Drang (z. B. gefühlsbetonter Schreibstil).

Hinweise zu Stundeninhalt und Methode

Anhand eines Romanauszugs aus Goethes „Die Leiden des jungen Werther" lernt die Klasse die Textform des Briefromans näher kennen, die typisch für den Sturm und Drang ist. Nach der Erarbeitung inhaltlicher Aspekte versuchen sich die Jugendlichen selbst als Schriftsteller*innen, indem sie sich die vermeintlich fremde Textsorte aneignen. In Form eines Chat-Romans holen sie den Briefroman ins 21. Jahrhundert und versetzen sich gleichzeitig in die Situation Werthers hinein. Durch das selbstständige Verfassen verbessern sich der Ausdruck, die Rechtschreibung und die Grammatik. Die Klasse vollzieht Gefühle und Handlungsmotive einer Figur nach, sodass der Briefroman auch eine gute Alternative zum inneren Monolog darstellt. Für die Erarbeitung des Romanauszugs und das Verfassen des eigenen Textes sollte mindestens eine Doppelstunde veranschlagt werden.

Alternative:

Stehen mehrere Stunden zur Verfügung, kann arbeitsteilig ein zusammenhängender Chatverlauf erarbeitet werden. Dafür einigt sich die Klasse in Aufgabe 8 und 9 auf ein gemeinsames Thema und bespricht grob Inhalt und Gesprächsverlauf. In Kleingruppen aufgeteilt, arbeitet sie dann an einzelnen Chatteilen. Wechseln Sie dabei zwischen Planungs-, Schreib- und Austauschphasen. In den Planungsphasen sprechen die Schüler*innen in ihren Gruppen darüber, was und wie sie schreiben möchten. In der Schreibphase, die als stilles Schreibgespräch gestaltet werden kann, verfassen die Schüler*innen einen Textentwurf. In der Austauschphase stellen sie das Ergebnis zur Diskussion und holen das Feedback der anderen Gruppen ein. Anschließend werden die drei Phasen wiederholt, um die Texte zu überarbeiten. Das Endergebnis kann zu einem Chat-Roman zusammengefasst werden und der Klasse ausgedruckt ausgehändigt werden.

Projekt: „Total genial!" (S. 42 und 43)	
Darum geht's	In diesem Projekt wird sich der Fragestellung gewidmet, was ein Genie auszeichnet. Nach der theoretischen Betrachtung sollen die Schüler*innen Genies vorstellen und begründen, warum die genannten Personen zu den Genies gezählt werden können.
Behandelte Themen	das Genie im Sturm und Drang und heute
Kompetenzziele	Die Schüler*innen ... - kennen den Genie-Begriff des Sturm und Drang und können diesen in eigenen Worten erklären. - wählen kriteriengeleitet eine passende Person als Beispiel für ein zeitgenössisches Genie. - recherchieren selbstständig. - präsentieren ihre Ergebnisse vor der Klasse.
	Die Schüler*innen wissen, dass der Genie-Begriff zentral für die Epoche ist.

Hinweise zu Stundeninhalt und Methode

Im Sturm und Drang waren Autor*innen und Künstler*innen vom Vorhandensein des „Originalgenies" überzeugt. Genie ist, wer aus eigener Vorstellungskraft kreativ wird und geniale Ideen umsetzt. Das Genie wird dabei als unkonventionell und mutig wahrgenommen. Es hält sich nicht an festgefahrene Regeln oder starre Vorgaben, sondern findet selbst einen Weg. Auch wenn es auf den ersten Blick nicht so scheint, hat der „Geniekult" des Sturm und Drang einiges mit der heutigen Zeit gemein. Auf Social Media stellen Influencer*innen ihre Originalität mit Fotos, Videos und anderem Content zur Schau und jede*r kann seine*ihre individuelle Weltsicht unmittelbar mit anderen teilen. Indem die Schüler*innen sich mit dem Genie-Begriff auseinandersetzen und ein eigenes „Genie" vorstellen, wird diese Parallele greifbar. Sie können das Genie selbst auswählen, müssen aber gut begründen, warum die Person ihrer Meinung nach ein Genie ist. Dabei reflektieren sie, was wirklich inspirierendes und mutiges Handeln ist und wo bloß zur Schau gestellt wird.

Zwischen Rechercheauftrag und Ergebnispräsentation sollten bei Erarbeitung zu Hause mindestens zwei Unterrichtsstunden liegen. Ist die Schule technisch ausreichend ausgestattet, können die Recherche und das Erstellen der Steckbriefe auch in den Unterrichtsstunden, z. B. in Computerräumen, der Bibliothek oder mittels Tablets, stattfinden.
Entscheiden Sie abhängig vom Klassenklima, ob Sie die kritische Diskussionsfrage in Aufgabe 8 bearbeiten lassen möchten. Entscheiden Sie sich dafür, ist es wichtig, darauf zu achten, dass wertschätzend diskutiert wird und sich nicht über die Wahl der vorgestellten Genies lustig gemacht wird.

„Lieber Freund, liebe Freundin ..." (1/3)

1. Lies den Auszug aus „Die Leiden des jungen Werther" von Johann Wolfgang von Goethe.

Johann Wolfgang von Goethe

Am 4. Mai 1771

Wie froh bin ich, dass ich weg bin! Bester Freund, was ist das Herz des Menschen! Dich zu verlassen, den ich so liebe, von dem ich unzertrennlich war, und froh zu sein! Ich weiß, du verzeihst mir's. Waren nicht meine übrigen Verbindungen recht ausgesucht vom Schicksal, um ein Herz wie das meine zu ängstigen? Die arme Leonore! Und doch war ich unschuldig. Konnt' ich dafür, dass, während die eigensinnigen Reize ihrer Schwester mir eine angenehme Unterhaltung verschafften, dass eine Leidenschaft in dem armen Herzen sich bildete? Und doch – bin ich ganz unschuldig? Hab ich nicht ihre Empfindungen genährt? [...] Ich will, lieber Freund, ich verspreche dir's, ich will mich bessern, will nicht mehr ein bisschen Übel, das uns das Schicksal vorlegt, wiederkäuen, wie ich's immer getan habe; ich will das Gegenwärtige genießen, und das Vergangene soll mir vergangen sein. Gewiss, du hast recht, Bester, der Schmerzen wären minder unter den Menschen, wenn sie nicht – Gott weiß, warum sie so gemacht sind! – mit so viel Emsigkeit der Einbildungskraft sich beschäftigten, die Erinnerungen des vergangenen Übels zurückzurufen, eher als eine gleichgültige Gegenwart zu ertragen. [...]

Übrigens befinde ich mich hier gar wohl. Die Einsamkeit ist meinem Herzen köstlicher Balsam in dieser paradiesischen Gegend, und diese Jahreszeit der Jugend wärmt mit aller Fülle mein oft schauderndes Herz. Jeder Baum, jede Hecke ist ein Strauß von Blüten, und man möchte zum Maienkäfer werden, um in dem Meer von Wohlgerüchen herumschweben und alle seine Nahrung darin finden zu können.

Die Stadt selbst ist unangenehm, dagegen rings umher eine unaussprechliche Schönheit der Natur. Das bewog den verstorbenen Grafen von M., einen Garten auf einem der Hügel anzulegen, die mit der schönsten Mannigfaltigkeit sich kreuzen und die lieblichsten Täler bilden. Der Garten ist einfach, und man fühlt gleich bei dem Eintritte, dass nicht ein wissenschaftlicher Gärtner, sondern ein fühlendes Herz den Plan gezeichnet, das seiner selbst hier genießen wollte. Schon manche Träne hab ich dem Abgeschiedenen in dem verfallenen Kabinettchen geweint, das sein Lieblingsplätzchen war und auch meines ist.

Quelle: Johann Wolfgang von Goethe: „Die Leiden des jungen Werther. Erstes Buch", in: Projekt Gutenberg, URL: < www.projekt-gutenberg.org/goethe/werther/werther.html > [letzter Zugriff: 15.05.2023].

„Lieber Freund, liebe Freundin ..." (2/3)

2. Beantworte die folgenden Fragen zum Inhalt des Briefes. Notiere auch die Zeilenangaben der Stellen, an denen du die Antwort gefunden hast.

a) An wen schreibt Werther, der Verfasser, seinen Brief?
b) Was ist zwischen Werther und Leonore vorgefallen?
c) Was nimmt sich Werther vor, um sich zu bessern?
d) Warum findet Werther in der Natur Trost?

★ **3.** Informiere dich im Merkkasten über „Die Leiden des jungen Werther".

Die Leiden des jungen Werther
Der Briefroman handelt von dem Rechtspraktikanten Werther, der neu in die (fiktive) Beamtenstadt Wahlheim zieht. Dort trifft er auf Lotte, in die er sich verliebt. Diese ist allerdings bereits mit Albert verlobt. Obwohl Lotte bereits jemand anderem versprochen wurde, trifft sich Werther häufig mit ihr und versucht, sie für sich zu gewinnen. Als dies nicht gelingt, wird Werther immer trauriger und enttäuschter. Von Freude verlassen, entscheidet sich Werther für den Freitod. Der Briefroman beschreibt einen Zeitraum von ungefähr anderthalb Jahren (Ostern 1771 bis Weihnachten 1772).

4. Wähle im Folgenden zwischen a) und b).

a) Für die jungen Menschen in der Epoche des Sturm und Drang war die Natur ein Spiegel ihrer Gefühle. Begründe, inwiefern dieses Epochenmerkmal am Textauszug deutlich wird.
b) In den Texten und Büchern des Sturm und Drang steht der einzelne Mensch mit seiner Wahrnehmung und seinen Gefühlen im Fokus. Begründe, inwiefern sich insbesondere die Textform des Briefromans dafür gut eignet.

5. Stellt euch gegenseitig eure Ergebnisse aus Aufgabe 4 vor.

★ **6.** Reflektiere, wie der Text auf dich wirkt.

a) Lies die folgenden Begriffe. Schlage unbekannte Wörter in einem Wörterbuch nach.
b) Wähle die drei Begriffe aus, die die Stimmung des Romanauszugs am besten beschreiben. Du kannst dir auch eigene passende Wörter ausdenken. Begründe deine Wahl schriftlich in fünf bis zehn Sätzen.

Arroganz – Naturverbundenheit – Liebeskummer – Trennung – Neuanfang – Nachdenklichkeit – Zuversicht – Angst – Freude – Egoismus – Freundschaft – Genuss

„Lieber Freund, liebe Freundin …“ (3/3)

7. Die jungen Erwachsenen des Sturm und Drang wollten sich von den alten Regeln und Traditionen ihrer Elterngeneration abgrenzen.

a) Verbinde die folgenden Stichpunkte zu passenden Gegensatzpaaren, um herauszufinden, was die Stürmer und Dränger anders machen wollten.

alte Traditionen	neue Überzeugungen
Dicht- und Schreibkunst wird unterrichtet und erlernt	Ausdruck der eigenen Gefühle und Wahrnehmung durch Schreiben
klare Regeln fürs Dichten und Schreiben	Jugend- und Alltagssprache
Gelehrtensprache	die Künstlerin bzw. der Künstler ist von selbst zum Schreiben begabt
Schreiben als Ausdruck von Vernunft	Freiheit in Stil und Form beim Schreiben

★ **b)** Weise die „neuen Überzeugungen“ am Romanauszug von Goethe nach, indem du passende Beispiele mit Zeilenangaben findest.

8. Legt zu zweit oder gemeinsam in der Klasse eine Ideensammlung an, was eure Generation heute anders macht als die Generation eurer Eltern. Halte die Ergebnisse in deinem Heft oder auf einem Blatt fest.

9. Betrachte die Ideenliste aus Aufgabe 8. Entscheide dich für mindestens ein Thema, das dich selbst beschäftigt. Wähle anschließend zwischen a) und b).

a) Stell dir vor, du hast wie Werther die Möglichkeit, eine Zeit an einem anderen Ort zu leben, z. B. während eines Schüleraustauschs oder beim Besuch von Verwandten. Du möchtest diese Zeit nutzen, um dich selbst zu verändern. Verfasse eine Chat-Kurznachricht an deinen besten Freund oder deine beste Freundin, in der du von deinem Vorsatz berichtest. Verfasse anschließend einen kurzen Chatverlauf zwischen dir und deinem Freund/deiner Freundin aus mindestens sieben Nachrichten.

b) Stell dir vor, du kannst ein Berufspraktikum in einer anderen Stadt machen. Mit deiner Arbeit möchtest du einen positiven Beitrag leisten und die Welt verändern. Verfasse eine Chat-Kurznachricht an deinen besten Freund oder deine beste Freundin, in der du von deinem Vorsatz berichtest. Verfasse anschließend einen kurzen Chatverlauf zwischen dir und deinem Freund/deiner Freundin aus mindestens sieben Nachrichten.

10. Stellt euch eure Chat-Romane gegenseitig vor und gebt euch Feedback.

Sturm und Drang

Total genial! (1/2)

1. Tauscht euch gemeinsam in der Klasse darüber aus, was ihr unter einem „Genie“ versteht. Sammelt eure Ideen an der Tafel.

2. Lies den folgenden Text über das Genie in der Epoche des Sturm und Drang. Unterstreiche dabei, was ein Genie damals auszeichnete.

Das Genie im Sturm und Drang

Heute stellt man sich unter einem Genie meist einen sehr schlauen Menschen vor. Im Sturm und Drang war die Vorstellung davon, wer ein Genie ist, etwas anders. Hier waren vor allem die Kreativität und die Schöpfungskraft ausschlaggebend. In vielen Texten und Gedichten wird deutlich, wie sich die Autorinnen und Autoren ein Genie vorstellten und welche Eigenschaften den genialen Charakter auszeichneten. In den Texten gibt es nämlich meist eine Figur, die dem damaligen Idealbild entspricht.

Das Genie im Sturm und Drang ist naturverbunden, einfühlsam und kreativ. Es ist kreativ, ohne sich an Vorbildern aus vorangehenden Epochen zu orientieren, sondern durch selbstständige Beobachtung und die eigene Wahrnehmung. Die ganz individuelle, persönliche Sicht auf die Dinge macht das Genie einzigartig. Durch die Kunst verwirklicht sich das Genie selbst. Indem es kreativ erschafft, verleiht es den eigenen Gefühlen und seiner Weltsicht Ausdruck. Die Individualität steht im Fokus.

Für Stürmer und Dränger sind es die eigenen Gefühle, die die Kunst und das Schaffen bestimmen. Darin liegt auch der größte Unterschied zur aufklärerischen Bewegung: Die Aufklärung legt den Fokus auf den Verstand, während im Sturm und Drang Gefühle im Vordergrund stehen. Beide Epochen haben gemeinsam, dass bestehende Grundsätze hinterfragt werden.

In den Texten des Sturm und Drang tritt das Genie daher auch als Figur in Erscheinung, die bestehende Regeln und Gesetze hinterfragt. Statt diesen blind zu folgen, handelt das Genie selbstbestimmt und unabhängig und findet mit eigener Kraft eine Lösung.

3. Fasse in eigenen Worten zusammen, welche Vorstellung die Autorinnen und Autoren des Sturm und Drang von einem Genie hatten.

4. Im Sturm und Drang wurde die Schöpfungskraft von Genies oft mit der von Göttern verglichen. Diskutiert, welches Risiko in einem solchen Geniekult steckt.

Total genial! (2/2)

5. Auch heute gibt es noch Menschen, die als Genies gesehen werden können und besonders kreative, geistreiche oder unkonventionelle Ideen hervorbringen.

a) Recherchiere zu bekannten, interessanten und unkonventionellen Persönlichkeiten.

b) Wenn du eine Person gefunden hast, die du vorstellen möchtest, verfasse einen Steckbrief.

Die Personenbeschreibung bzw. der Steckbrief sollte enthalten:

Vor- und Nachname: ....

Beruf/künstlerische Tätigkeit: ....

Lebenslauf (mind. 5 wichtige Daten): ....

....

....

....

....

Begründung: Warum zählt diese Person für dich zu den Genies?

....

....

....

....

....

....

....

....

c) Stelle die von dir gewählte Person mithilfe des ausgefüllten Steckbriefs in der Klasse vor.

★ **6.** Total genial? Diskutiert gemeinsam, ob die vorgestellten Personen wirklich Genies sind. Bleibt bei der Diskussion sachlich und objektiv!

Projektübersicht und Lehrerhinweise

Projekt: „Von edlen Menschen" (S. 46–48)	
Darum geht's	Ausgehend von der Ballade „Die Bürgschaft" entwickeln die Schüler*innen ein szenisches Spiel und reflektieren anschließend die Vorbildfunktion der Balladen-Figuren sowie Eigenschaften guter Menschen.
Behandelte Themen	- Moralvorstellungen damals und heute - Vorbildfunktion von Literatur - szenisches Spiel in Kleingruppen
Kompetenzziele	Die Schüler*innen ... - lesen „Die Bürgschaft" als typischen Text der Weimarer Klassik. - reflektieren das Verhalten und die Handlungsmotive literarischer Figuren. - stellen, ausgehend vom Text, Vermutungen an. - entwickeln und präsentieren kurze Szenen zum Text. - vergleichen ihre Ergebnisse mit dem tatsächlichen Ausgang der Geschichte und leiten daraus Erkenntnisse ab. - reflektieren Charaktereigenschaften guter Menschen und die Vorbildfunktion der Balladenfiguren.
Vorwissen	Die Schüler*innen ... - kennen literarische Textsorten, u. a. die Form der Ballade. - haben eine ethisch-moralische Grundvorstellung von „guten Menschen". - können selbstständig Rollenspielszenen entwickeln.

Hinweise zu Stundeninhalt und Methode

Vorbild für die Epoche der Weimarer Klassik war die Antike. Inspiriert von den Held*innen der damaligen Zeit, beschäftigen sich die Texte der Klassik mit der Vollkommenheit, Ganzheitlichkeit und Schönheit der Menschen. Im Alltag jedoch entsprechen die wenigsten Menschen diesem Idealbild. Anspruch der klassischen Autor*innen war es, ihre Leser*innen mit literarischen Vorbildern auszustatten, an denen sie sich orientieren konnten. Die Figur des Damon in Schillers Ballade „Die Bürgschaft" ist ein solches Vorbild. Nachdem die ersten fünf Strophen gelesen und erschlossen worden sind, mutmaßen die Schüler*innen, wie es für den Protagonisten weitergehen könnte, und entwickeln eine passende Szene in Gruppenarbeit. Nach der Präsentation der Ergebnisse folgt die Auflösung mittels Audiodatei. Anschließend reflektieren die Schüler*innen die Handlung der Ballade und ob Damon ein guter, edler Mensch ist. Abschließend wird ein bekanntes Zitat von Johann Wolfgang von Goethe betrachtet. Die Schüler*innen reflektieren ihre eigenen Vorstellungen davon, was einen „guten" und „edlen" Menschen auszeichnet.

Aufgabe 2 (von oben nach unten):
3 - 2 - 5 - 1 - 4

Projekt: Goethe goes Italy (S. 49 und 50)	
Darum geht's	Die Schüler*innen erfahren von Goethes Italienreise und nutzen einen Textauszug seiner Aufzeichnungen zur Erarbeitung eines Podcast-Interviews mit dem Autor.
Behandelte Themen	- Goethes Italienreise - die Antike als Inspirationsquelle
Kompetenzziele	Die Schüler*innen ... - vollziehen Goethes Motivation für seine Italienreise nach. - informieren sich über seine Eindrücke und Inspirationsquelle. - leiten sinnvolle Fragen aus dem Text ab. - versetzen sich in den Autor hinein, indem sie ein Interview verfassen.
Vorwissen	Die Schüler*innen ... - können selbstständig fragengeleitete Dialog- und Interviewtexte verfassen. - kennen Goethe als bedeutenden deutschen Autor. - kennen den Begriff „Antike" und grundlegende Merkmale der Epoche (z. B. aus dem Geschichtsunterricht).

Hinweise zu Stundeninhalt und Methode

Mit dem Start von Goethes fast zweijähriger Italienreise (1786–1788) beginnt auch die Epoche der Weimarer Klassik. Um ein Gespür für die Einflüsse zu bekommen, die Goethe und die Epoche geprägt haben, lohnt sich die Auseinandersetzung mit den Reiseaufzeichnungen. Zudem haben eventuell einige Schüler*innen Anknüpfungspunkte, da sie möglicherweise selbst schon in Italien waren.
Italien übt heute wie damals einen Reiz aus, vor allem wegen seiner kulturellen Vielfalt (Kunst, Essen, Architektur, Geschichte usw.). In diesem Projekt erarbeiten die Schüler*innen Motive und Einfluss der Reise am Beispiel eines Textauszugs, den Goethe in Rom verfasst hat. Ihre Ergebnisse fließen dann in ein Podcast-Interview ein, das in Partner- oder Kleingruppenarbeit verfasst und vorgetragen wird. In schnellen Klassen kann die Erarbeitung in einer Unterrichtsstunde erfolgen, wobei die Fertigstellung und Einübung des Interviews ggf. als Hausaufgabe gestellt werden muss. Ansonsten ist auch eine Doppelstunde angemessen.
Es ist möglich, die Erarbeitung der Italienreise mit dem Fach Geografie oder Kunst zu verknüpfen, um so fächerverbindenden Unterricht zu ermöglichen. Dabei können z. B. mehrere Interviews mit unterschiedlichen, auch fiktiven Podcast-Gästen geführt werden, bei denen dann Aspekte aus den anderen Fächern thematisiert werden.

Von edlen Menschen (1/3)

1. Lies die ersten fünf Strophen der Ballade.

Friedrich Schiller
Die Bürgschaft

Zu Dionys[1], dem Tyrannen, schlich
Damon, den Dolch im Gewande:
Ihn schlugen die Häscher[2] in Bande,
„Was wolltest du mit dem Dolche? sprich!“
Entgegnet ihm finster der Wüterich.
„Die Stadt vom Tyrannen befreien!“
„Das sollst du am Kreuze bereuen.“

„Ich bin“, spricht jener, „zu sterben bereit
Und bitte nicht um mein Leben:
Doch willst du Gnade mir geben,
Ich flehe dich um drei Tage Zeit,
Bis ich die Schwester dem Gatten gefreit[3];
Ich lasse den Freund dir als Bürgen,
Ihn magst du, entrinn' ich, erwürgen.“

Da lächelt der König mit arger List
Und spricht nach kurzem Bedenken:
„Drei Tage will ich dir schenken;
Doch wisse, wenn sie verstrichen, die Frist,
Eh' du zurück mir gegeben bist,
So muss er statt deiner erblassen,
Doch dir ist die Strafe erlassen.“

Und er kommt zum Freunde: „Der König gebeut,
Dass ich am Kreuz mit dem Leben
Bezahle das frevelnde Streben[4].
Doch will er mir gönnen drei Tage Zeit,
Bis ich die Schwester dem Gatten gefreit[3];
So bleib du dem König zum Pfande,
Bis ich komme zu lösen die Bande.“

Und schweigend umarmt ihn der treue Freund
Und liefert sich aus dem Tyrannen;
Der andere ziehet von dannen.
Und ehe das dritte Morgenrot scheint,
Hat er schnell mit dem Gatten die Schwester vereint,
Eilt heim mit sorgender Seele,
Damit er die Frist nicht verfehle.

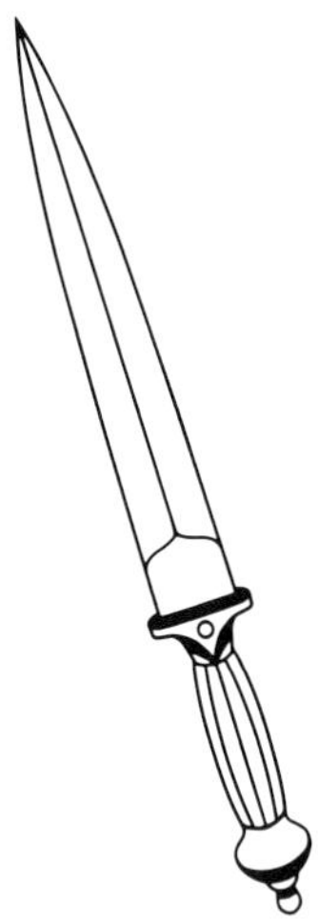

[1] König der Stadt Syrakus
[2] Scherge, Wache
[3] verheiratet
[4] die schlechte Absicht

Quelle: Friedrich Schiller: „Die Bürgschaft“, in: Gedichte. Stuttgart, J. G. Cotta'sche Buchhandlung: 1879. Zit. n.: Projekt Gutenberg, URL: < www.projekt-gutenberg.org/schiller/gedichte/chap148.html > [letzter Zugriff: 22.05.2023].

Von edlen Menschen (2/3)

2. Bringe die folgenden Kurzzusammenfassungen in die richtige Reihenfolge und ordne sie den jeweiligen Strophen zu, indem du sie von 1 bis 5 nummerierst.

Strophe	Kurzzusammenfassung
	Dionys ist einverstanden. Der Freund soll statt Damon sterben, falls dieser nicht rechtzeitig zurückkehrt. Wird der Freund hingerichtet, ist Damon frei.
	Der Attentäter akzeptiert die Strafe, bittet aber um drei Tage Aufschub. Er möchte noch seine Schwester verheiraten, sodass für sie gesorgt ist. Als Bürgen, eine Art Pfand, schlägt Damon einen Freund vor.
	Auch der Freund ist einverstanden und umarmt Damon zum Abschied. Dieser eilt nach Hause, verheiratet seine Schwester und tritt den Rückweg nach Syrakus an, um den Freund zu befreien.
	Damon hat geplant, den Tyrannenkönig Dionys zu erstechen. Er wird von dessen Wachen gefasst und soll nun gekreuzigt werden.
	Dem Freund erklärt Damon, was er mit dem König vereinbart hat und dass er die Bürgschaft für Damons Rückkehr übernehmen soll.

3. Die Ballade trägt den Titel „Die Bürgschaft“.
- **a)** Erkläre in eigenen Worten, warum es zur Bürgschaft kommt und worin sie besteht.
- **b)** Stelle Vermutungen an, wie die Handlung weitergehen könnte. Notiere deine Gedanken stichpunktartig in deinem Heft oder auf einem Blatt.

4. Findet euch in Kleingruppen von je drei oder vier Personen zusammen.
- **a)** Tauscht euch über eure Vermutungen aus Aufgabe 3b) aus.
- **b)** Einigt euch auf eine Fortsetzung der Ballade, die ihr als szenisches Spiel darstellt.
- **c)** Verfasst einen passenden Dialog zu der Fortsetzung, die ihr euch überlegt habt. Entwickelt anschließend, passend zu dem Dialog, eine kurze Szene und übt diese ein.
- ★ **d)** Nehmt auch die ersten fünf Strophen in eure Szene auf. Verfasst, ausgehend vom Balladentext, einen Dialog und probt diesen ebenfalls.
- **e)** Präsentiert eure Szene vor der Klasse und lasst euch von den anderen Feedback geben.

Ein szenisches Spiel durchführen

In einem szenischen Spiel erarbeitet ihr als Schauspielerinnen und Schauspieler eine in einem Text beschriebene Situation. Beachtet die folgenden Punkte:
- Sprecht laut, deutlich und nicht zu schnell.
- Drückt mit eurer Stimme Emotionen aus (z.B. durch lautes oder leises Sprechen und Betonung).
- Setzt Mimik und Gestik (Bewegung und Gesichtsausdrücke) passend ein.
- Achtet darauf, dass eure Körperhaltung den Charakter und die Stimmung der Figur verdeutlichen.

Von edlen Menschen (3/3)

5. Erfahrt im Hörbuch von Jan Lindner, wie es mit Damon weitergeht.

a) Hört euch den gesamten Balladentext aufmerksam an. Lasst euch als Hilfe den Volltext von eurer Lehrkraft austeilen, damit ihr beim Zuhören mitlesen könnt.

b) Besprecht gemeinsam in der Klasse, was Damon im weiteren Verlauf der Ballade noch erlebt.

c) Fasst die einzelnen Strophen in zwei oder drei Sätzen zusammen, so wie in Aufgabe 2.

★ **d)** Diskutiert Gemeinsamkeiten und Unterschiede im Vergleich zu euren Rollenspiel-Szenen aus Aufgabe 4.

Hörbuch (08:19 Min.), eingesprochen von Jan Lindner

Volltext

6. In den literarischen Werken der Weimarer Klassik sollten Leserinnen und Leser gute Menschen als Vorbilder für ihr eigenes Handeln finden.

a) Begründe, ob Damon deiner Meinung nach ein guter Mensch ist.

b) Erläutere, inwiefern die vielen Hindernisse, die Damon überwindet, seine menschlichen Qualitäten verdeutlichen.

★ **c)** Weise am Text nach, dass auch der Freund und Dionys Vorbilder für die Leserinnen und Leser sein können.

7. a) Lest das folgende Zitat von Johann Wolfgang von Goethe, das als eine Art Leitspruch für die Weimarer Klassik gelten kann.

> *Edel sei der Mensch,*
> *hilfreich und gut!*

Quelle: Johann Wolfgang von Goethe: „Das Göttliche", in: Gedichte. Ausgabe letzter Hand. Zürich, Artemis Verlag: 1949.

b) Tauscht euch in der Klasse darüber aus, welches Verhalten einen edlen, hilfreichen und guten Menschen auszeichnet.

★ **c)** Diskutiert, ob es noch andere Eigenschaften gibt, die einen guten Menschen ausmachen.

Sollten die QR-Codes in Ihrem Band ihre Gültigkeit verlieren, wenden Sie sich bitte an digitaleslernen@verlagruhr.de
QR Code is registered trademark of DENSO WAVE INCORPORATED

Goethe goes Italy! (1/2)

1. Informiere dich im Merkkasten über Goethes Italienreise.
Unterstreiche die Stellen, an denen du etwas über seine Inspirationsquelle erfährst.

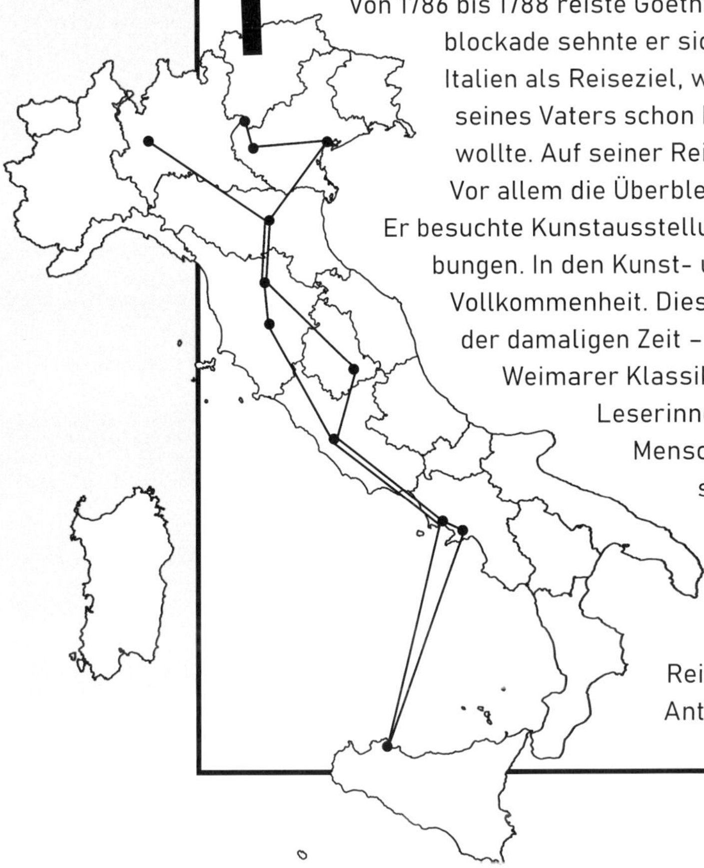

Goethes Italienreise

Von 1786 bis 1788 reiste Goethe durch Italien. Wegen einer Schreibblockade sehnte er sich nach neuer Inspiration. Er wählte Italien als Reiseziel, weil ihm das Land durch Erzählungen seines Vaters schon bekannt war und er es selbst besuchen wollte. Auf seiner Reise sammelte er viele Eindrücke. Vor allem die Überbleibsel der Antike beeindruckten ihn. Er besuchte Kunstausstellungen, alte Tempel, Ruinen und Ausgrabungen. In den Kunst- und Bauwerken erkannte er künstlerische Vollkommenheit. Diese wurde prägend für Goethes Werke der damaligen Zeit – und damit ebenso für die Epoche der Weimarer Klassik. Goethe wollte, dass seine Werke die Leserinnen und Leser dazu inspirieren, bessere Menschen nach antikem Vorbild zu werden. Sie sollten gebildet, vernünftig und gut sein. Während seiner Reise stellte Goethe einige der Texte fertig, die er in Weimar begonnen hatte. Darin flossen auch die Eindrücke der Reise und die Inspiration aus der Antike ein.

2. Goethes Italienreise kennzeichnet den Beginn der Epoche der Weimarer Klassik.
a) Lies den folgenden Auszug aus Goethes Reiseaufzeichnungen.
b) Unterstreiche die Stellen, an denen er seine Begeisterung für Rom zum Ausdruck bringt.

Johann Wolfgang von Goethe
Rom, den 1. November 1786.

Ja, ich bin endlich in dieser Hauptstadt der Welt angelangt! [...] Die Begierde, nach Rom zu kommen, war so groß, wuchs so sehr mit jedem Augenblicke, dass kein Bleiben mehr war, und ich mich nur drei Stunden in Florenz aufhielt. Nun bin ich hier und ruhig und, wie es scheint, auf mein ganzes Leben beruhigt. [...] Alle Träume meiner Jugend seh' ich nun lebendig; die ersten Kupferbilder, deren ich mich erinnere (mein Vater hatte die Prospekte von Rom [...] aufgehängt), seh' ich nun in Wahrheit, und alles, was ich in Gemälden und Zeichnungen, Kupfern und Holzschnitten, in Gips und Kork schon lange gekannt, steht nun beisammen vor mir; [...] es ist alles, wie ich mir's dachte, und alles neu. [...]

Quelle: Johann Wolfgang von Goethe: Italienische Reise. Dtv, München: 1997. Zit. n.: Projekt Gutenberg, URL: < https://www.projekt-gutenberg.org/goethe/italien/ital161.html > [letzter Zugriff: 17.05.2023].

Goethe goes Italy! (2/2)

Johann Wolfgang von Goethe

Rom, den 7. November.

Nun bin ich sieben Tage hier, und nach und nach tritt in meiner Seele der allgemeine Begriff dieser Stadt hervor. Wir geh'n fleißig hin und wider, ich mache mir die Plane des alten und neuen Roms bekannt, betrachte die Ruinen, die Gebäude, besuche ein und die andere Villa, [...] ich tue nur die Augen auf und seh' und geh' und komme wieder, denn man kann sich nur in Rom auf Rom vorbereiten. [...] Wenn man so eine Existenz ansieht, die zweitausend Jahre und darüber alt ist, durch den Wechsel der Zeiten so mannigfaltig und vom Grund aus verändert und doch noch derselbe Boden, derselbe Berg, ja oft dieselbe Säule und Mauer, und im Volke noch die Spuren des alten Charakters [...] und so wird es dem Betrachter von Anfang schwer, zu entwickeln, wie Rom auf Rom folgt, und nicht allein das neue auf das alte, sondern die verschiedenen Epochen des alten und neuen selbst aufeinander. [...] Und dieses Ungeheure wirkt ganz ruhig auf uns ein, wenn wir in Rom hin und her eilen, um zu den höchsten Gegenständen zu gelangen. Anderer Orten muss man das Bedeutende aufsuchen, hier werden wir davon überdrängt und überfüllt. Wie man geht und steht, zeigt sich ein landschaftliches Bild aller Art und Weise, Paläste und Ruinen, Gärten und Wildnis, Fernen und Engen, Häuschen, Ställe, Triumphbögen und Säulen, oft alles zusammen so nah, [...] dann ist man abends müde und erschöpft vom Schauen und Staunen.

Quelle: Johann Wolfgang von Goethe: Italienische Reise. Dtv, München: 1997. Zit. n.: Projekt Gutenberg, URL: < https://www.projekt-gutenberg.org/goethe/italien/ital161.html > [letzter Zugriff: 17.05.2023].

c) Tauscht euch in der Klasse darüber aus, wie sich Goethe in der italienischen Hauptstadt fühlt und was ihn dort besonders beeindruckt.

3. Findet euch zu zweit oder zu dritt zusammen und erarbeitet ein Podcast-Interview mit Goethe, in dem er von seiner Reise berichtet.

a) Entscheidet, wer die Rolle von Johann W. Goethe übernimmt. Die andere(n) Person(en) ist/sind die Hosts (= Gastgeber/Gastgeberinnen) des Podcasts.

b) Verfasst gemeinsam ein Interview, in dem Goethe Fragen zu seiner Reise gestellt werden. Folgende Fragen dienen euch als Inspiration:
- Warum wollten Sie schon immer nach Rom?
- Was begeistert Sie so an der Stadt?
- Wie werden die Eindrücke Ihre Werke beeinflussen?

Verfasst auch einen Begrüßungstext sowie die Antworten Goethes.

★ TIPP: Macht euch stichpunktartig Notizen, bevor ihr Fragen und Antworten ausformuliert.

c) Übt euer Skript mit verteilten Rollen. Nehmt es danach mithilfe der Aufnahmefunktion eines Smartphones oder Laptops auf. Nutzt ein Tonbearbeitungsprogramm, z. B. Audacity, um Versprecher, zu lange Sprechpausen und Störgeräusche herauszuschneiden. Speichert die Audiodatei in einem gängigen Format, z. B. mp3.

4. Spielt eure aufgezeichneten Podcast-Interviews in der Klasse vor.

Projektübersicht und Lehrerhinweise

Projekt: Ich träume, also bin ich (S. 54–56)	
Darum geht's	Mystisches, die Nacht und Träume waren beliebte Motive in der Romantik. In diesem Projekt beschäftigen sich die Schüler*innen mit dem Traummotiv in einem Gedicht. Ausgehend davon reflektieren sie ihre eigenen Träume mittels eines Traumtagebuchs.
Behandelte Themen	- das romantische Motiv des Traums - persönliche Träume
Kompetenzziele	Die Schüler*innen ... - kennen romantische Merkmale und Motive. - weisen diese an einem Gedicht nach. - analysieren die Gefühle und Handlungsmotive des lyrischen Ich. - dokumentieren eigene Räume in einem Traumtagebuch.
Vorwissen	Die Schüler*innen wissen, was ein lyrisches Ich ist.

Hinweise zu Stundeninhalt und Methode

Die Romantik, die auch als Gegenbewegung zur Weimarer Klassik oder Aufklärung verstanden wird, wollte Mystik, Natur und Fantasie bewahren, um sich der voranschreitenden Technisierung zu widersetzen. Die Autor*innen suchten in ihren Texten den Rückzug in die Traum- und Fantasiewelt.
Bei den Schüler*innen hat die Epoche kein gutes Image, gilt sie doch als schwülstig und kitschig. Besonders die Lyrik, die in dieser Zeit vorherrschend war, ist vielen zu sentimental und schwermütig. Gleichzeitig üben Träume, die oft Motiv in den Texten sind, eine Faszination auf Jugendliche aus. Hierüber sollen die Schüler*innen in diesem Projekt einen Zugang zur Epoche finden. Zunächst lesen sie das Gedicht „Kuss im Traume" und reflektieren das Traummotiv und die Innenwelt des lyrischen Ich. Nach einem Austausch über eigene Erfahrungen und Einstellungen zu Träumen wird die Kopiervorlage „Traumtagebuch" (S. 56) vorgestellt und die zugehörige Aufgabe 6 besprochen. So können die Schüler*innen über einen gemeinsam festgelegten Zeitraum (ca. ein bis zwei Wochen) ihre Träume tagebuchartig dokumentieren. Es geht darum, spielerisch zu erkunden, welche Faszination Träume damals wie heute ausüben.
Sollten die Traumtagebücher vorgestellt oder der Inhalt gemeinsam besprochen werden, achten Sie dabei auf einen wertschätzenden, vorurteilsfreien und objektiven Umgang. Kann das in der Lerngruppe nicht gewährleistet werden, ist es besser, die Tagebucheinträge nicht in der Klasse vorstellen zu lassen. Vermeiden Sie, dass sich Schüler*innen über die Träume der anderen lustig machen.

Projekt: Raus in die Natur (S. 57–59)	
Darum geht's	Dieses Projekt beschäftigt sich mit der Natur als einem wichtigen Motiv der Romantik. Im Rahmen eines Naturspaziergangs kommen die Jugendlichen selbst der Natur näher und fertigen Fotos an, aus denen sie einen Beitrag im Stil eines Instagram-Postings gestalten.
Behandelte Themen	- die Natur als Motiv der Romantik - Naturverbundenheit - fotografische Abbildung und Reflexion über die Wirkung der Natur
Kompetenzziele	Die Schüler*innen ... - beschäftigen sich mit der Natur. - erkennen die Relevanz der Natur für die Epoche und vollziehen die Wirkung nach. - erstellen Fotografien, passend zur Wirkung eines romantischen Gedichts. - reflektieren ihre Motivwahl im Stil eines Instagram-Postings.
Vorwissen	- kennen typische Motive der Romantik. - kennen den Kontext der Epoche (Flucht in die Natur, Faszination für das Mysteriöse und Unbekannte usw.). - kennen den Aufbau eines Instagram-Postings.

Hinweise zu Stundeninhalt und Methode

Neben der Sehnsucht, der Liebe, den Träumen, der Fantasie und der Mystik spielen auch die Natur und der Rückzug zur Natur eine wichtige Rolle. Lernstress, Klausuren, Tests, Referate und Gruppenarbeiten sorgen dafür, dass Schüler*innen wenig Zeit dafür haben, draußen in der Natur zu sein. Manchmal fehlt ihnen auch der Zugang zur Natur und sie spielen lieber am Computer oder schauen sich Serien und Filme an.
Mit diesem Projekt soll die Natur als Motiv romantischer Texte und wichtiger Teil des romantischen Weltbildes (wieder-)entdeckt werden. Dazu lesen die Schüler*innen zunächst das bekannte Gedicht „Mondnacht" von Joseph von Eichendorff. Nachdem die Bedeutung der Natur erschlossen und typische Merkmale der Romantik am Text nachgewiesen worden sind, lesen die Jugendlichen einige Hintergrundinformationen zur Naturverbundenheit in der Romantik und reflektieren ihre eigene Beziehung zur Natur.

Hoffentlich inspiriert, führen sie anschließend einen Naturspaziergang durch. Dieser kann individuell, nach der Schule oder auch auf dem Nachhauseweg sowie auch als gemeinsamer Ausflug mit der Klasse während der Unterrichtszeit durchgeführt werden. Gehen Sie z. B. zum nächstgelegenen Park oder zu einer kleinen Grünfläche in der Nähe. Auch Ziele in der weiteren Umgebung sind mit der richtigen Vorbereitung denkbar. Ziel ist es, die Natur bewusst wahrzunehmen, die Luft und die Umgebung zu spüren und zur Ruhe zu kommen. Während des Spaziergangs sollen die Schüler*innen Naturfotografien aufnehmen, die ihre individuelle Wahrnehmung und den Bezug, den sie zur Natur haben, widerspiegeln. Da mittlerweile fast jede*r Schüler*in ein Smartphone mit Kamera besitzt, sollte die Erstellung der Fotos kein Problem sein. Sollte dennoch keine Fotomöglichkeit vorhanden sein, lassen Sie die Mitschüler*innen einander aushelfen.

Mobiltelefon: © Can Yesil; Icon Herz, Sprechblase: © MariaLev; Foto: © ArtMari – alle Shutterstock.com

Die Fotografien werden anschließend im Stil eines Instagram-Posts weiterverarbeitet. Dabei kann die Aufgabe gerne an die Bedürfnisse und technischen Möglichkeiten der Klasse angepasst werden. Es sollte den Schüler*innen freigestellt werden, ob der Post digital oder mit Ausdruck, Schere und Kleber erstellt wird.

★ **TIPP:** Digitale Fotografien können in Drogeriemärkten schnell und günstig ausgedruckt werden.

Es bietet sich an, dieses Projekt – und vor allem den Spaziergang – in den Frühling oder Herbst zu legen. Winter und Sommer könnten eventuell zu kalt bzw. zu heiß sein. Achten Sie jedoch vor allem bei einem gemeinsamen Spaziergang mit der Klasse darauf, dass alles gut vorbereitet ist und die Schüler*innen passende Kleidung für das jeweilige Wetter dabeihaben.
Dieses Projekt kann auch unabhängig von der Erarbeitung der Epochen durchgeführt werden, z. B. vor Abschlussprüfungen, da ein Gang in die Natur und das achtsame Wahrnehmen der Umgebung in stressigen Phasen für Entspannung sorgen kann.

Ich träume, also bin ich (1/3)

1. Informiere dich im Merkkasten über Merkmale romantischer Gedichte.

Merkmale romantischer Lyrik
- **Weltflucht**: Weil es immer mehr technische Neuerungen gab, empfanden Autorinnen und Autoren die Welt als feindselig. Als Gegenentwurf behandeln die Gedichte daher Mystisches und Unerklärliches wie Träume.
- **Naturverbundenheit**: Ebenfalls als Gegensatz zur industrialisierten Welt rückten Romantikerinnen und Romantiker die Natur in den Fokus. Dort fanden sie ebenso Schönes wie Geheimnisvolles.
- **Individuum im Zentrum**: In den Gedichten stehen das Innenleben und die Gefühlswelt des lyrischen Ich im Zentrum der Handlung.
- **Nacht als Motiv**: Romantische Gedichte spielen oft bei Nacht, weil dies mysteriöser ist.

2. Lies das Gedicht „Der Kuss im Traume".

Karoline von Günderrode
Der Kuss im Traume

Es hat ein Kuss mir Leben eingehaucht,
Gestillt meines Herzens tiefstes Schmachten.
Komm, Dunkelheit! Mich traulich zu umnachten,
Dass neue Wonnen meine Lippe saugt.

In Träume war solch Leben eingetaucht,
Drum leb ich, ewig Träume zu betrachten,
Kann aller andern Freuden Glanz verachten,
Weil nur die Nacht so süßen Balsam haucht.

Der Tag ist karg an liebesüßen Wonnen,
Es schmerzt mich seines Lichtes eitles Prangen
Und mich verzehren seiner Sonne Gluten.

Drum verbirg dich dem Glanze ird'scher Sonnen!
Hüll dich in Nacht, sie stillt dein Verlangen
Und heilt den Schmerz, wie Lethes[1] kühle Fluten.

[1] Lethe: Fluss in der Unterwelt, dessen Wasser Erinnerungen löscht.

Quelle: Karoline von Günderrode: Der Kuss im Traume, in: Projekt Gutenberg, URL: < www.projekt-gutenberg.org/guendero/gedichte/chap014.html > [letzter Zugriff: 02.06.2023]. Text aus didaktischen Gründen verändert.

3. Unterstreiche typisch romantische Merkmale.
Notiere sie neben den Versen/Strophen.

Ich träume, also bin ich (2/3)

4. Ein Motiv der Romantik, das sich in diesem Gedicht findet, sind Träume.
a) Erkläre anhand des Textes, wovon das lyrische Ich träumt.
b) Stelle Vermutungen an, welcher „Schmerz" im letzten Vers gemeint sein könnte. Beziehe dich dabei auf den Text und deine Überlegungen aus Aufgabe 3a).
c) Beschreibe, wie in diesem Gedicht über das Träumen geschrieben wird. Lies dazu, wenn nötig, die zweite Strophe nochmals.

★ **5.** Erläutere in acht bis zehn Sätzen, warum Träume in der Romantik eine so wichtige Rolle spielen.

6. Tauscht euch in der Klasse darüber aus, welche Rolle Träume für euch spielen. Die folgenden Leitfragen helfen euch dabei:
- Träumst du regelmäßig?
- Hast du oft die gleichen Träume oder träumst du immer wieder von denselben Dingen/Situationen?
- Glaubst du, dass Träume etwas bedeuten (können)?
- Hast du schon einmal Traumsymbole recherchiert?

7. Dokumentiere deine Träume! Legt dafür gemeinsam einen Zeitraum fest.
a) Nutze die Kopiervorlage „Traumtagebuch" oder Notizpapier bzw. ein Notizbuch. Lege einen Stift und dein Schreibmaterial neben dein Bett.
b) Überlege vorm Einschlafen, was du den Tag über erlebt hast. Notiere stichpunktartig und schreibe auch das Datum auf.
c) Notiere am nächsten Morgen, gleich nach dem Aufstehen, woran du dich aus deinem Traum erinnerst. Notiere stichpunktartig im Präsens (= Gegenwart) und in der Ich-Form. Achte darauf, nicht sofort zu interpretieren, sondern zunächst nur festzuhalten, woran du dich erinnern kannst.
★ **d)** Gib deinem Traum einen Titel.

TIPP: Es ist nicht schlimm, wenn du dich nicht an viel oder auch an gar nichts aus ★ deinen Träumen erinnerst. Es ist auch normal, dass manche Menschen gar nicht träumen.

8. Reflektiert eure Erfahrungen mit den Träumen und dem Traumtagebuch am Ende des Zeitraums. Hat sich eure Einstellung zu Träumen verändert? Könnt ihr nachvollziehen, warum in der Romantik so gern über Träume geschrieben worden ist?

Ich träume, also bin ich (3/3)

TRAUMTAGEBUCH

Titel: .... Datum: ....

Besondere Erlebnisse/Erfahrungen am Tag:

....

....

....

Erinnerungen an den Traum:

....

....

....

Gefühle im Traum:

....

Orte oder Plätze im Traum:

....

Vorkommende Personen im Traum:

....

Gefühle nach dem Aufwachen:

....

Platz für Notizen/Skizzen:

Raus in die Natur (1/3)

1. Lies das Gedicht „Mondnacht“ von Joseph von Eichendorff.
   a) Unterstreiche alle Naturbegriffe im Gedicht.
   b) Vergleicht eure unterstrichenen Stellen in der Klasse.

Joseph von Eichendorff
Mondnacht

Es war, als hätt’ der Himmel
Die Erde still geküsst,
Dass sie im Blütenschimmer
Von ihm nun träumen müsst’.

Die Luft ging durch die Felder,
Die Ähren wogten sacht,
Es rauschten leis’ die Wälder,
So sternklar war die Nacht.

Und meine Seele spannte
Weit ihre Flügel aus,
Flog durch die stillen Lande,
Als flöge sie nach Haus.

Quelle: Joseph von Eichendorff: „Gedichte“, in: Projekt Gutenberg,
URL: < https://www.projekt-gutenberg.org/eichndrf/gedichte/chap140.html > [letzter Zugriff: 02.06.2023].

2. Findet euch zu zweit zusammen. Lest die letzte Strophe noch einmal.
   a) Beschreibt, welchen Stellenwert die Natur für das lyrische Ich hat.
   b) Tauscht euch darüber aus, welchen Stellenwert die Natur für euch hat.

★ **3.** Begründe, dass es sich bei diesem Gedicht um ein typisch romantisches Gedicht handelt, indem du typische Motive und Merkmale nachweist.

TIPP: Der Mond steht in der Romantik für die Sehnsucht nach etwas (scheinbar) ★ Unerreichbarem.

Raus in die Natur (2/3)

4. In Aufgabe 2 habt ihr euch über den Stellenwert der Natur ausgetauscht.
a) Informiere dich im Merkkasten über die Naturverbundenheit der Autorinnen und Autoren der Romantik und über moderne Ausprägungen.

Die Naturverbundenheit in der Romantik und heute
Die Autorinnen und Autoren der Romantik erschufen in ihren Werken Welten voller Fantasie und Mystik. Oft spielt die Natur dabei eine wichtige Rolle. Die Verfasserinnen und Verfasser waren sehr naturliebend. Aus der Natur schöpften sie Ruhe und Kraft und sie war ein Ort der Ablenkung von den gesellschaftlichen und politischen Veränderungen im Alltag.
Auch heute erholen sich die Menschen in der Natur von ihrem Alltagsstress. Dort gibt es keine Erwartungen, die erfüllt werden müssen, und man kann leichter achtsam im Moment sein (z. B. indem man sich auf Geräusche, Farben und Gerüche konzentriert).

b) Sprecht gemeinsam in der Klasse darüber, ob und wie ihr auch schon die Erfahrung gemacht habt, dass euch die Natur erdet und ihr entspannen könnt, wenn ihr in der Natur seid.

5. Gehe im Anschluss an den Unterricht selbst bewusst in die Natur. Es muss kein großer Ausflug sein, du kannst auch einen Park in deiner Stadt besuchen oder auf dem Nachhauseweg einen Umweg durch ein Feld oder Waldstück gehen.
a) Achte bei deinem Spaziergang nur auf dich und die Natur. Beobachte, welche Gerüche, Farben und Geräusche du wahrnimmst.
b) Nimm deine Gedanken wahr. Was kommt dir in den Sinn und wie fühlst du dich dabei? Erkenne die Gedanken an, aber gerate nicht ins Grübeln. Lass sie wieder ziehen.
c) Reflektiere, wie du dich fühlst. Nimm bewusst einige tiefe Atemzüge und höre erneut in dich hinein.

6. Schieße auf deinem Spaziergang einige Fotos mit deinem Smartphone oder einer Kamera, um deine Naturerfahrung zu dokumentieren.

TIPP: Du kannst z. B. Blumen, Pflanzen oder Tiere fotografieren oder auch ein Selfie anfertigen. Bloß andere Menschen sollten nicht auf deinem Bild zu sehen sein.

7. Suche zu Hause aus den verschiedenen Motiven das Foto aus, das deine Stimmung am besten widerspiegelt. Erstelle aus dem Foto mithilfe der Kopiervorlage „Mein Naturspaziergang" einen Beitrag im Stil eines Instagram-Postings. Verfasse zum Bild einen kurzen Text, der deine Erfahrungen und Gedanken wiedergibt.

TIPP: Du kannst den Post auch digital erstellen.

Raus in die Natur (3/3)

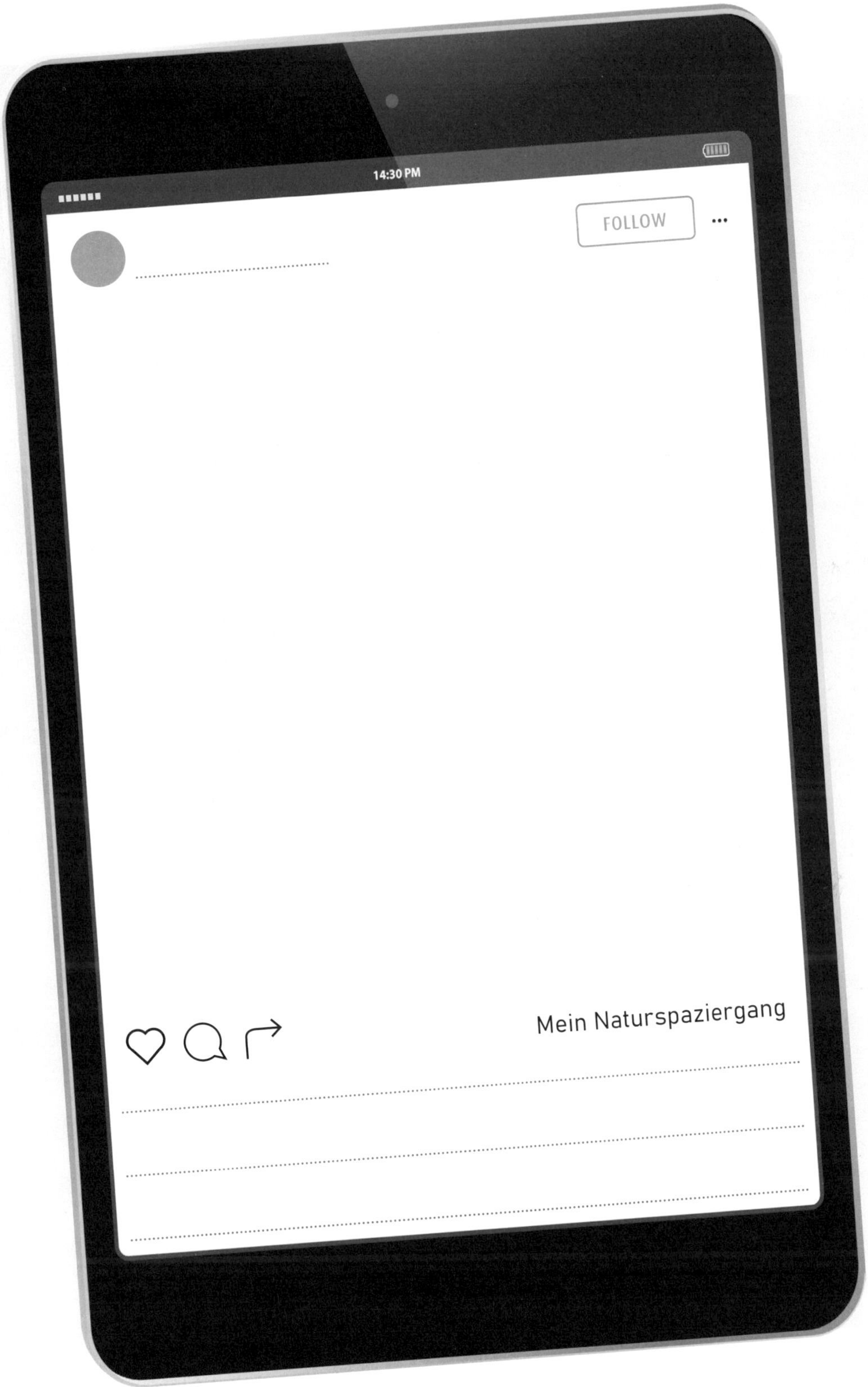

★ TIPP: Ein Instagram-Post wird häufig veröffentlicht, um zu zeigen, was den Personen gefallen hat bzw. was vielleicht auch anderen gefallen könnte. Überlege bei der Auswahl des Fotos, ob es dir gefällt und was du mit diesem Post zeigen möchtest. Beim Verfassen des Posts hilft es, dir zu überlegen: Warum hast du das Foto gemacht? Warum hast du es ausgewählt? Was gefällt dir daran? Was möchtest du mit dem Foto sagen?

Projektübersicht und Lehrerhinweise

Projekt: Das Objekt wird Subjekt (S. 61)	
Darum geht's	Nach der Lektüre des Dinggedichts „Der Panther" und dem Austausch darüber verfassen die Schüler*innen eigenständig ein Dinggedicht zu einem persönlichen Objekt.
Behandelte Themen	Merkmale eines Dinggedichts
Kompetenzziele	Die Schüler*innen ... - kennen die Form des Dinggedichts. - verfassen ein eigenes Dinggedicht. - versetzen sich empathisch in ein selbst gewähltes Objekt hinein. - transferieren ihren Blick auf das Objekt in den lyrischen Text.
Vorwissen	Die Schüler*innen ... - kennen typische Formen und den Aufbau von Gedichten. - verfassen selbstständig kreative Texte.

Hinweise zu Stundeninhalt und Methode

Dinggedichte beschreiben ein Objekt sehr ausführlich und werden häufig aus der Perspektive des Gegenstandes verfasst. Das Dinggedicht gibt somit Gegenständen eine Stimme, die nicht selbst für sich sprechen können. Auf diese Weise kann auf Missstände hingewiesen werden oder auch gesellschaftliche Kritik geäußert werden.
Als eines der bekanntesten Dinggedichte lernen die Schüler*innen hier „Der Panther" von Rainer Maria Rilke kennen.
In leistungsstärkeren Klassen können auch die Gedichte „Römische Fontäne", ebenfalls von Rilke, oder „Der römische Brunnen" von Conrad Ferdinand Meyer behandelt werden.

Illustration: Anja Boretzki

Realismus

Das Objekt wird Subjekt

1. Lies das folgende Dinggedicht von Rainer Maria Rilke.

Rainer Maria Rilke
Der Panther

Sein Blick ist vom Vorübergeh'n der Stäbe
so müd geworden, dass er nichts mehr hält.
Ihm ist, als ob es tausend Stäbe gäbe
und hinter tausend Stäben keine Welt.

Der weiche Gang geschmeidig starker Schritte,
der sich im allerkleinsten Kreise dreht,
ist wie ein Tanz von Kraft um eine Mitte,
in der betäubt ein großer Wille steht.

Nur manchmal schiebt der Vorhang der Pupille
sich lautlos auf –. Dann geht ein Bild hinein,
geht durch der Glieder angespannte Stille –
und hört im Herzen auf zu sein.

Quelle: Rainer Maria Rilke: „Der Panther", in: Neue Gedichte. Insel Verlag, Leipzig: 1923. Zit. n.: Projekt Gutenberg, URL: < www.projekt-gutenberg.org/rilke/neuegedi/chap027.html > [letzter Zugriff: 02.06.2023].

2. Tauscht euch in der Klasse über eure ersten Gedanken zu dem Gedicht aus.
Die folgenden Leitfragen dienen euch als Impuls:
- Welche Stimmung erzeugt das Gedicht bei euch?
- Wie wird der Panther beschrieben?
- Warum hat der Autor wohl den Panther als Thema gewählt?
- In welcher Beziehung steht das lyrische Ich zum Panther?

3. Informiere dich im Merkkasten über die Form des „Dinggedichts".

Merkmale eines Dinggedichts
In einem Dinggedicht werden lebendige oder leblose Objekte beschrieben. Die Beschreibung ist distanziert und objektiv. Trotzdem versetzt sich der Text in die Perspektive des Objekts. Es wirkt fast so, als ob das „Ding" über sich selbst schreibt. Im Text wird der Blick von außen – durch Autor/Autorin oder Leser/Leserin – mit dem Inneren des Objekts verknüpft.

4. Verfasse ein eigenes Dinggedicht. Beachte dabei die folgenden Punkte:
- Wähle ein Objekt, das dir viel bedeutet.
- Schreibe mindestens acht Verse (zwei Strophen).
- Achte darauf, dass sich die besonderen Eigenschaften des Objekts im Gedicht wiederfinden und es wirkt, als schreibe dein „Ding" über sich selbst.

Projektübersicht und Lehrerhinweise

Projekt: Das echte Leben (S. 64)	
Darum geht's	In der Epoche des Naturalismus gilt die Formel „Kunst = Natur - x" als wegweisend. Nach eingehender Erarbeitung der Formel kann die Klasse selbst wissenschaftlich tätig werden, indem die Schüler*innen eine eigene Formel erstellen.
Behandelte Themen	- die Formel „Kunst = Natur - x" von Arno Holz - die Frage, was Kunst und gutes Erzählen ausmacht
Kompetenzziele	Die Schüler*innen ... - nehmen begründet Stellung zu Aussagen über Kunst. - reflektieren ihre eigene Einstellung gegenüber Erzählungen und Geschichten. - untersuchen die Formel „Kunst = Natur - x". - verfassen eine eigene Formel, die ihr Kunstverständnis ausdrückt.
Vorwissen	Die Schüler*innen können mathematische Formeln lesen.

Hinweise zu Stundeninhalt und Methode

Arno Holz gilt als bekanntester Theoretiker des Naturalismus. Mit seiner Formel „Kunst = Natur - x" versuchte er 1891, die Epoche des Naturalismus einzufangen und naturwissenschaftlich zu beschreiben. Die Formel sagt aus, dass Kunst die Natur so realistisch und objektiv wie möglich abbilden solle. Das „x" steht für den*die Künstler*in. In der Kunst bildet diese*r die Natur ab und verfälscht sie dadurch - z. B. durch individuellen Stil, Interpretation oder durch Auslassungen. In diesem Sinne ist die Formel ein Appell an alle Künstler*innen, die Natur in ihrer Kunst nicht durch ihre subjektive Sichtweise zu verfälschen. Das „x" in der Formel soll so klein wie möglich bleiben.
Anspruch der Naturalist*innen war es, die Welt in ihren Werken möglichst naturgetreu, sachlich und mit einem fast wissenschaftlichen Blick darzustellen.
Im Projekt beschäftigen sich die Schüler*innen zunächst mit zwei Aussagen darüber, wie Kunst sein sollte. In der kritischen Auseinandersetzung reflektieren sie ihren eigenen Anspruch an Kunst und Erzählungen. Anschließend wird die Formel untersucht. Vermutlich müssen Sie als Lehrkraft hier unterstützen, um die Jugendlichen auf die zuvor erläuterte Erkenntnis zu bringen, was es damit auf sich hat. Das Stundenprodukt besteht in einer eigenen Formel (oder formelhaften Darstellung) des zuvor erarbeiteten Kunstverständnisses bzw. -anspruchs.
Besonders naturwissenschaftlich interessierte Schüler*innen können mit diesem Projekt aktiviert werden.
Für die Durchführung sind mindestens 45 Minuten einzuplanen.

Projekt: Sekunde für Sekunde (S. 65 und 66)	
Darum geht's	Anhand eines Auszugs aus Gerhart Hauptmanns „Bahnwärter Thiel" lernen die Schüler*innen den Sekundenstil kennen und schreiben selbst einen Text im Sekundenstil.
Behandelte Themen	der Sekundenstil als typische Schreibform des Naturalismus sowie seine Wirkung
Kompetenzziele	Die Schüler*innen ... - kennen den Sekundenstil als Schreib- und Erzählform. - wenden den Sekundenstil selbst beim Schreiben an. - reflektieren den Schreibstil als Möglichkeit für präzises und realistisches Schreiben.
Vorwissen	Die Schüler*innen ... - kennen den Kontext der Epoche (realitätsgetreue Darstellung, bürgerliche Figuren, Unschönes auch als Teil der Handlung usw.). - kennen den Unterschied zwischen Erzählzeit und erzählter Zeit.

Hinweise zu Stundeninhalt und Methode

© ledokolua – Shutterstock.com

Der Sekundenstil wird häufig in Werken des Naturalismus genutzt, so auch in Hauptmanns „Bahnwärter Thiel". Anhand eines Auszugs aus dem 3. Kapitel vollziehen die Schüler*innen zunächst die Textwirkung nach und leiten sich anschließend selbstständig her, worum es sich beim „Sekundenstil" wohl handelt. Stellen Sie im Klassengespräch sicher, dass der Schreibstil korrekt verstanden worden ist.
Im Sekundenstil wird alles realitätsnah und detailgetreu beschrieben, ohne dass das Erzählte künstlerisch ausgestaltet wird. Ziel ist, dass erzählte Zeit und Erzählzeit möglichst deckungsgleich sind. Das bedeutet, dass das Gelesene in der Zeit, in der es gelesen wird, genauso passiert sein kann. Durch den Sekundenstil wird das Beschriebene realer, oft fällt es Leser*innen leichter, sich die Handlung bildlich vorzustellen. Eventuell geht es auch Ihren Schüler*innen so! Vor- und Nachteile des Schreibstils und weitere Möglichkeiten realistischen Erzählens werden in einer Wahlaufgabe ergründet.
Abschließend schreiben die Jugendlichen eigene kurze Texte im Sekundenstil.

Naturalismus

Das echte Leben

1. Lies die Aussagen von Artur und Katja.

Kunst und Literatur sollen Spaß machen! Ich möchte nur schöne Geschichten lesen.

Artur

Katja

Kunst und Literatur sollten das echte Leben abbilden – nicht nur Schönes, sondern auch das Hässliche.

a) Begründe, wem du eher zustimmen würdest: Artur oder Katja.
b) Denk an dein Lieblingsbuch oder deinen Lieblingsfilm. Überlege, warum du die Geschichte magst. Ist alles daran schön oder werden auch schwierige Situationen beschrieben bzw. gezeigt? Notiere deine Gedanken stichpunktartig in deinem Heft oder auf einem Blatt.
c) Erzählt euch gegenseitig von euren Lieblingsgeschichten und beschreibt, was daran schön ist und wo auch Unschönes beschrieben wird.

2. Die Autorinnen und Autoren des Naturalismus wollten das Leben mit all seinen Seiten abbilden und der Realität dabei so nah wie möglich kommen. Der Autor Arno Holz hat diese Absicht in einer Formel festgehalten.
a) Lies die Formel.

Kunst = Natur – x

b) Erkläre, was es bedeutet, dass der Natur etwas abgezogen wird.
★ **c)** Stelle Vermutungen an, wofür das „x" stehen könnte.
d) Interpretiere die Formel, indem du erläuterst, warum sie das Anliegen der Naturalistinnen und Naturalisten widerspiegelt.

3. Denk an deine Lieblingsgeschichte aus Aufgabe 1b.
a) Überlege, inwiefern darin die Natur – also die Realität – abgebildet wird. Wähle eine möglichst realistische Szene und schreibe zwei oder drei Sätze dazu in dein Heft oder auf ein Blatt.
b) Hinterfrage kritisch, was bei der Darstellung dieser Szene fehlt und im Sinne der Formel das „x" ist.

4. Verfasst eine eigene Formel, die das Verhältnis zwischen künstlerischer Darstellung und Realität beschreibt. Die Formel soll mindestens zwei Elemente enthalten und ihr solltet in der Lage sein, sie der Klasse zu präsentieren und zu erläutern.

Naturalismus

Sekunde für Sekunde (1/2)

1. Lies den Auszug aus Gerhart Hauptmanns Novelle „Bahnwärter Thiel".

Gerhart Hauptmann

Bahnwärter Thiel (Auszug)

Der Zug wurde sichtbar – – er kam näher – – in unzählbar sich überhastenden Stößen fauchte der Dampf aus dem schwarzen Maschinenschlote. Da: ein – zwei – drei – milchweiße Dampfstrahlen quollen kerzengerade empor, und gleich darauf brachte die Luft den Pfiff der Maschine getragen. Dreimal hintereinander, kurz, grell, beängstigend. Sie bremsen, dachte Thiel, warum nur? Und wieder gellten die Notpfiffe schreiend, den Widerhall weckend, diesmal in langer, ununterbrochener Reihe. Thiel trat vor, um die Strecke überschauen zu können. Mechanisch zog er die rote Fahne aus dem Futteral und hielt sie gerade vor sich hin über die Gleise. – Jesus Christus! War er blind gewesen?

„Jesus Christus – oh, Jesus, Jesus, Jesus Christus! Was war das? Dort! – Dort zwischen den Schienen ... Ha- alt!", schrie der Wärter aus Leibeskräften. Zu spät. Eine dunkle Masse war unter den Zug geraten und wurde zwischen den Rädern wie ein Gummiball hin und her geworfen. Noch einige Augenblicke, und man hörte das Knarren und Quietschen der Bremsen. Der Zug stand.

Die einsame Strecke belebte sich. Zugführer und Schaffner rannten über den Kies zum Ende des Zuges. Aus jedem Fenster blickten neugierige Gesichter und jetzt – die Menge knäulte sich und kam nach vorn.

Thiel keuchte; er musste sich festhalten, um nicht umzusinken wie ein gefällter Stier. Wahrhaftig, man winkt ihm – „Nein!"

Ein Aufschrei zerreißt die Luft von der Unglücksstelle her, ein Geheul folgt, wie aus der Kehle eines Tieres kommend. Wer war das?! Lene?! Es war nicht ihre Stimme und doch ...

Ein Mann kommt in Eile die Strecke herauf.

„Wärter!!"

„Was gibt's?"

„Ein Unglück!" ... Der Bote schrickt zurück, denn des Wärters Augen spielen seltsam. Die Mütze sitzt schief, die roten Haare scheinen sich aufzubäumen.

„Er lebt noch, vielleicht ist noch Hilfe."

Ein Röcheln ist die einzige Antwort.

Quelle: Gerhart Hauptmann: Bahnwärter Thiel, in: Projekt Gutenberg, URL: < www.projekt-gutenberg.org/hauptmag/thiel/chap001.html > [letzter Zugriff: 02.06.2023].

2. Erläutere, wie der Text auf dich wirkt.
Wähle zwei Adjektive (aus der folgenden Liste oder eigene) und begründe deine Wahl.

schnell – gehetzt – spannend – dramatisch – erschreckend – realistisch – ungewöhnlich

Sekunde für Sekunde (2/2)

3. Im Naturalismus schrieben Autorinnen und Autoren im sogenannten „Sekundenstil“. Stelle, ausgehend von dem Textauszug, Vermutungen an, was diesen Schreibstil auszeichnete.

★ **4.** Überfliegt den Text zu zweit und achtet darauf, was alles passiert.
a) Überlegt gemeinsam, wie viel Zeit das Beschriebene wohl tatsächlich gedauert hätte.
b) Lest den Text still oder im Flüsterton und stoppt dabei gegenseitig die Zeit.
c) Überprüft, wie weit die gestoppte Zeit und eure vermutete Zeit aus Aufgabe 4a) auseinanderliegen.

5. Um die Realität möglichst genau abzubilden, beschrieben die Autorinnen und Autoren des Naturalismus alles sekundengenau und detailgetreu. Wähle im Folgenden zwischen a) und b).
a) Welche Vor- und Nachteile hat die Verwendung des Sekundenstils? Lege eine Liste in deinem Heft oder auf einem Blatt an.
b) Welche anderen Möglichkeiten gibt es, die Realität in Texten möglichst genau abzubilden? Sammle Ideen in deinem Heft oder auf einem Blatt.

6. Verfasse einen eigenen Text im Sekundenstil. Schreibe max. eine halbe Seite und achte darauf, dass Erzählzeit und erzählte Zeit ungefähr gleich lang sind.

Projektübersicht und Lehrerhinweise

Projekt: Express yourself! (S. 68 und 69)	
Darum geht's	Die Epoche des Expressionismus wird anhand bekannter Kunstwerke betrachtet. Im Anschluss wird dieses Wissen angewandt, um selbst expressionistisch zu malen.
Behandelte Themen	- exemplarische Kunstwerke des Expressionismus - Ausdruck der subjektiven Weltsicht in und durch Kunst
Kompetenzziele	Die Schüler*innen ... - lernen unterschiedliche Werke des Expressionismus kennen. - reflektieren die Wirkung expressionistischer Kunstwerke im Kontrast. - erkennen, dass die Werke sehr ausdrucksstark und kontrastreich sind und häufig einfache Formen verwendet werden.
Vorwissen	Die Schüler*innen ... - sind bereits mit der Epoche des Expressionismus bekannt. - haben schon expressionistische Texte gelesen. - können Bilder und deren Wirkung beschreiben und interpretieren

Hinweise zu Stundeninhalt und Methode

Der Epoche des Expressionismus kann man nicht nur literarisch, sondern auch künstlerisch betrachten, um einen anderen Zugang zur mitunter recht egozentrischen und befremdlichen Epoche zu ermöglichen. Ausgehend von drei Werken bekannter Künstler, nähern sich die Schüler*innen den Epochenmerkmalen an. Damit ihnen der Zugang erleichtert wird, gibt es zu jedem Gemälde eine passende zeitgenössische Fotografie. Dadurch können die Schüler*innen die subjektive Sicht der Künstler nachvollziehen und im Kontrast zur jeweiligen Fotografie besser deuten. Im Anschluss wählen die Schüler*innen ein eigenes Motiv, zu dem sie emotionalen Bezug haben. Dieses Motiv setzen sie dann selbst künstlerisch im Stil des Expressionismus um. Da sich manche Jugendliche nicht künstlerisch begabt fühlen, bietet sich die Epoche des Expressionismus aufgrund der klaren und vereinfachten Formen und der ausdrucksstarken Farben an. Je nachdem, wie viel Vorwissen bereits im Kunstunterricht über diese Epoche erworben wurde, kann es sinnvoll sein, noch etwas mehr Hintergrundwissen zu verschiedenen Künstler*innen und deren individuellem Stil anzubieten. Das kann z. B. auch durch Schülerreferate erreicht werden. Ggf. ist auch ein fächerübergreifender Unterricht mit der Kunstlehrkraft möglich, wobei das Epochenwissen in beiden Fächern vertieft werden kann.

Wie auch in der Literatur widmete die Kunst sich den Themen Großstadt, Tod, Reizüberflutung, Individuum, Psyche und Orientierungslosigkeit. Für die Erarbeitung des Gedichts und die Recherche sowie für das Malen der expressionistischen Werke sollte jeweils eine Doppelstunde von 90 Minuten eingeplant werden, es sei denn, Recherche und Malen werden als Hausaufgabe ausgelagert. Ansonsten ist es sicher hilfreich, wenn die Schüler*innen schon vor der Unterrichtsstunde von der Aufgabe erfahren, um sich vorzubereiten und eventuelle Materialien mitbringen zu können.

Express yourself! (1/2)

Beispiele expressionistischer Kunst

Vasily Kandinsky: Regenlandschaft (1911)
© Everett Collection – Shutterstock.com

Landschaft am Morgen
© Yuri Dondish – Shutterstock.com

Porträt einer jungen Frau
© Paradise studio – Shutterstock.com

Paul Klee: Abstrakter grauer Kopf (1935)
© Everett Collection – Shutterstock.com

Edvard Munch: Landschaft (1912)
© Everett Collection – Shutterstock.com

Landschaft in Norwegen
© Photographer Lili – Shutterstock.com

Express yourself! (2/2)

1. Betrachte die verschiedenen Bildpaare auf dem Arbeitsblatt „Beispiele expressionistischer Kunst".
a) Beschreibe, welchen Zusammenhang du jeweils zwischen den Bildern erkennst.
b) Begründe, wie die Gemälde jeweils auf dich wirken. Vergleiche die Wirkung mit den Fotos.

★ **2.** Recherchiere die Gemälde im Internet und sieh sie dir in Farbe an.
Erläutere, inwiefern die Farbe die Wirkung des Bildes verändert und/oder verstärkt.

3. Die Künstlerinnen und Künstler des Expressionismus wollten mit ihren Werken den subjektiven, persönlichen Eindruck, den sie von ihrem Motiv hatten, wiedergeben.
a) Erkläre anhand der Bildpaare, wie dieser subjektive Eindruck das Motiv und seine Wirkung verändert.
b) Vermute, welche subjektive Sicht die Künstler wohl auf ihre Motive hatten.

4. Wähle ein Motiv, das du expressionistisch zeichnest bzw. malst.
Zeichne auf ein DIN-A4-Blatt und beachte die folgenden Punkte:
- Dein Motiv muss nicht schön oder kompliziert sein. Es kann ein Foto sein, eine Postkarte oder ein Bild, das du im Internet gefunden hast.
- Es ist wichtig, dass du einen Bezug zu dem Motiv hast und es in dir ein bestimmtes Gefühl auslöst.
- Versuche, das Motiv so abzubilden und zu verändern, dass dein Gefühl deutlich wird.
- Wähle passende Materialien und Farben. Die folgende Liste hilft dir dabei:

Mögliche Materialien:
- Buntstifte und Radiergummi
- Wasserfarbe und Pinsel
- Aquarellstifte und Pinsel
- dicke und dünne Filzstifte
- Papierschnipsel, Magazinausschnitte, Schere und Kleber

Mögliche Wirkung von Farben:
- **Gelb:** fröhlich, freundlich, stolz, aufdringlich
- **Orange:** lebendig, warm, warnend, kraftvoll
- **Rot:** aggressiv, heiß, leidenschaftlich, verliebt, verboten
- **Violett:** melancholisch, nachdenklich, sehnsüchtig, unnatürlich, kühl, ausgefallen, prächtig
- **Blau:** beruhigend, traurig, kalt, einsam, klar, friedlich, frei
- **Grün:** hoffnungsvoll, glücklich, natürlich, gesund, frisch, jung, frühlingshaft, froh
- **Braun:** warm, gemütlich, schwer, alt, faul, weich
- **Weiß:** sauber, klinisch, visionär, leer, leicht
- **Schwarz:** düster, bedrohlich, deprimiert, geheimnisvoll, mysteriös, still, verschlossen

5. Präsentiere und erläutere dein Kunstwerk in der Klasse. Zeige auch die Vorlage.

TIPP: Nutzt die Methode des Gallery Walk zur Präsentation!

Projektübersicht und Lehrerhinweise

Projekt: E(xil)-Mail (S. 71 und 72)	
Darum geht's	Während der Epoche der Exilliteratur flüchteten einige Autor*innen ins Ausland, um Verfolgung und Repressalien des NS-Regimes zu entgehen. Die Schüler*innen recherchieren die Exilerfahrung von Mascha Kaléko und lassen diese in einen fiktionalen E-Mail-Verlauf mit der Autorin einfließen.
Behandelte Themen	- Fremderfahrung, Exilerfahrungen - Schreiben zur NS-Zeit - Merkmale einer E-Mail
Kompetenzziele	Die Schüler*innen ... - wiederholen ihr Wissen über die NS-Zeit. - lesen ein exemplarisches Gedicht der Exilliteratur von 1945. - recherchieren selbstständig im Internet und tragen die Ergebnisse zusammen. - reflektieren den Gedichttext und ihre Rechercheergebnisse in ihren E-Mail-Texten. - berücksichtigen die formalen Merkmale einer E-Mail.
Vorwissen	Die Schüler*innen ... - kennen den geschichtlichen Kontext der Zeit von 1933–1945. - wissen, dass viele Autor*innen ins Exil gegangen sind, um einer Verfolgung durch die Nationalsozialisten zu entgehen.

Hinweise zu Stundeninhalt und Methode

Leider kommt es nicht selten vor, dass die Schüler*innen des Nationalsozialismus überdrüssig sind, weil dieser in vielen Fächern thematisiert wird. Aktuelle Ereignisse zeigen jedoch, dass die schrecklichen Lebensumstände in der NS-Zeit nicht in Vergessenheit geraten dürfen. Um sich der Epoche im Deutschunterricht auf unkonventionelle Weise anzunähern und die Jugendlichen so aus der Reserve zu locken, können E-Mails an eine Exilautorin sowie deren Antwort(en) verfasst werden. Mit dieser kreativen Aufgabe vertiefen die Schüler*innen ihre Kenntnisse zur Epoche der Exilliteratur.
Für die Bewältigung der Aufgabe benötigen Sie geschichtliche Kenntnisse über die Zeit des Nationalsozialismus, die sie idealerweise bereits im Geschichts- oder Politikunterricht erlangt haben. Notwendiges Hintergrundwissen zur Autorin wird durch eine entsprechende Rechercheaufgabe erworben. Als Einstieg in die Auseinandersetzung mit Mascha Kaléko dient ihr Gedicht „Emigranten-Dialog". Die Ergebnisse aus Gedichtanalyse und Hintergrundrecherche fließen dann in den E-Mail-Verlauf ein, bei dem auch die wichtigsten Merkmale einer E-Mail berücksichtigt werden. Lassen Sie die Ergebnisse in der Klasse vortragen. Ggf. kann das Projekt auch in Absprache mit der Geschichtslehrkraft durchgeführt werden.

Exilliteratur

E(xil)-Mail (1/2)

1. Lies den „Emigranten-Monolog“ von Mascha Kaléko.

Mascha Kaléko

Emigranten-Monolog

Ich hatte einst ein schönes Vaterland[1],
So sang schon der Refugee[2] Heine.
Das seine stand am Rheine[3],
Das meine auf märkischem Sand.

Wir alle hatten einst ein (siehe oben!)
Das fraß die Pest, das ist im Sturm zerstoben.
O, Röslein auf der Heide,
Dich brach die Kraftdurchfreude[4].

Die Nachtigallen wurden stumm,
Sahn sich nach sicher'm Wohnsitz um,
Und nur die Geier schreien
Hoch über Gräberreihen.

Das wird nie wieder, wie es war,
Wenn es auch anders wird.
Auch wenn das liebe Glöcklein tönt,
Auch wenn kein Schwert mehr klirrt.

Mir ist zuweilen so als ob
Das Herz in mir zerbrach.
Ich habe manchmal Heimweh.
Ich weiß nur nicht, wonach ...

[1] Zitat aus dem gleichnamigen Gedicht von Heinrich Heine

[2] engl. für: Flüchtling

[3] Anspielung auf die „Lore-Lay“ von Heinrich Heine

[4] eine nationalsozialistische Gemeinschaft

Quelle: Mascha Kaléko: „Emigranten-Monolog“, in: Bewölkt, mit leichten Niederschlägen. Gesammelte Gedichte. Büchergilde Gutenberg, Frankfurt (u.a.): 2020. S. 160.

2. Mascha Kaléko wanderte 1938 über Hamburg und Paris nach New York aus. Das Gedicht wurde 1945 veröffentlicht.

a) Tauscht euch darüber aus, was ihr über die deutsche Geschichte im Zeitraum von 1933–1945 wisst. Recherchiert, wenn nötig, im Internet.

b) Recherchiere Mascha Kalékos Lebenslauf und vor allem ihre Zeit im Exil.

★ **c)** Recherchiert das Gedicht „Ich hatte einst ein schönes Vaterland“ von Heinrich Heine (1797–1856) und die Hintergründe dazu. Tragt eure Ergebnisse in der Klasse zusammen.

E(xil)-Mail (2/2)

3. Lies das Gedicht mit deinem neu erworbenen Hintergrundwissen noch einmal.
a) Unterstreiche Stellen, an denen Kaléko auf das NS-Regime und die Gründe für ihre Emigration anspielt.
b) Beschreibe die Stimmung, die im Gedicht erzeugt wird, auf ca. einer halben Seite in deinem Heft oder auf einem Blatt.

4. Kaléko nennt das Gedicht selbst einen „Monolog".
Mache daraus einen Dialog, indem du es in einen E-Mail-Wechsel übersetzt.
a) Mache dich im Merkkasten mit den formalen Merkmalen einer E-Mail vertraut.
b) Überlege dir, mit wem Mascha sich E-Mails schreiben könnte. Es kann eine verwandte Person sein oder auch Heinrich Heine – oder du stellst dir vor, dass sie mit dir schreibt.
Triff eine begründete Wahl.
c) Schreibe drei oder vier E-Mails, z. B. eine Mail an Mascha, eine Antwort von ihr und eine letzte Mail auf ihre Antwort hin. Wähle dafür ein relevantes Thema, z. B.:
- Wie ist die momentane Lebenssituation im New Yorker Exil?
- Wie geht es ihr dort? Bereut sie ihre Entscheidung?
- Wie beeinflusst ihre Lebenssituation ihr Schreiben? Worüber schreibt sie?
- Was vermisst sie an Deutschland? Welche Hoffnungen hat sie für das Heimatland?

Der Mailverlauf sollte mindestens anderthalb Seiten umfassen.

★ TIPP: Denk daran, dass Mascha seit 1938 im Exil gelebt hat. Versetze dich auch in deinen Mailtexten in die Zeit zwischen 1938 und 1945. Nutze deine Rechercheergebnisse aus Aufgabe 2.

Merkmale einer E-Mail
- **Absender/-in und Empfänger/-in:** In der E-Mail stehen oben die Namen und Mailadressen der zwei beteiligten Personen.
- **Datum und Uhrzeit:** Rechts daneben stehen das Datum und die Uhrzeit, als die Mail verschickt wurde.
- **Betreffzeile:** In der Betreffzeile steht schlagwortartig das Thema oder Anliegen der Mail.
- **Begrüßung:** Die Mail beginnt mit einer passenden Begrüßung oder Anrede. Je nachdem, wie gut man sich kennt, gibt es formelle Grußformeln („Sehr geehrte/-r ...") oder freundschaftliche Begrüßungen („Liebe/-r ...", „Hey/Hallo ...").
- **Satzzeichen:** Nach der Anrede steht ein Komma.
- **Einleitung:** Bevor das eigentliche Anliegen angesprochen wird, steht eine kurze Einleitung. Das kann ein Bezug zur letzten E-Mail oder eine freundliche Frage sein.
- **Hauptteil:** Der Hauptteil der Mail sollte nicht zu lang und durch Absätze sinnvoll in Inhaltsabschnitte strukturiert sein.
- **Verabschiedung:** Am Ende steht eine passende Grußformel. Auch diese kann wieder formell („Mit freundlichen Grüßen ...") oder freundschaftlich („Viele Grüße", „Bis bald!") sein.